Se você quiser correr, corra uma milha.
Se quiser experimentar outra vida, corra uma Maratona.

Emil Zatopek

CIP-Brasil. Catalogação na Publicação
Sindicato Nacional dos Editores de Livros, RJ

M129c

    Machado, Alexandre F.

      Corrida para corredores: correndo de forma simples, segura e eficiente / Alexandre F. Machado – 1. ed. – São Paulo: Ícone, 2014.

      108 p.: il.; 21 cm.

      Inclui bibliografia e índice

      ISBN 978-85-274-1246-9

      1. Corridas (Atletismo) – Aspectos fisiológicos. 2. Corridas (Atletismo) – Treinamento. 3. Corridas (Atletismo). 4. Maratona. I. Título.

13-04980   CDD: 796.426
                                              CDU: 796.422

ALEXANDRE F. MACHADO

CORRIDA PARA CORREDORES

Correndo de forma simples, segura e eficiente

1ª edição
São Paulo
2014

© Copyright 2014
Ícone Editora Ltda.

Projeto gráfico, capa e diagramação
Richard Veiga

Fotografias
Maurício N. Braga

Modelos
Fernanda N. Braga
Thiago Ramos
Alexandre F. Machado

Revisão
Fabiana Mendes Rangel
Maria Inês de França Roland
Juliana Biggi

Proibida a reprodução total ou parcial desta obra, de qualquer forma ou meio eletrônico, mecânico, inclusive por meio de processos xerográficos, sem permissão expressa do editor (Lei nº 9.610/98).

Todos os direitos reservados à:
ÍCONE EDITORA LTDA.
Rua Anhanguera, 56 – Barra Funda
CEP: 01135-000 – São Paulo/SP
Fone/Fax.: (11) 3392-7771
www.iconeeditora.com.br
iconevendas@iconeeditora.com.br

DEDICATÓRIA

A todos os corredores anônimos, que, todos os dias, percorrem quilômetros de ruas, estradas e trilhas pelo Brasil e pelo mundo com um único compromisso: o de correr pelo prazer de correr.

AGRADECIMENTOS

A Deus, por estar presente em todas as horas de minha vida.

Aos meus filhos Matheus Alexandre S. Machado, Ana Clara B. Machado e ao caçula Davi Braga Machado, que me dão a oportunidade de viver a maior de todas as experiências da vida para um homem: a de ser pai.

À minha esposa Ana Paula, pela dedicação e companheirismo ao longo de todos esses anos.

À minha Família: pai (Beto), mãe (Pepe) e irmão (Fábio).

Ao fotógrafo Maurício N. Braga e aos modelos Fernanda N. Braga (aluna KM Esportes) e Thiago Ramos (treinador KM Esportes).

Aos meus amigos Delphino e Traverzim, pela infinita paciência comigo.

Aos amigos, docentes e treinadores da metodologia **VO2PRO** de treinamento de corrida.

Aos alunos da Assessoria Esportiva KM Esportes.

Ao Rafael Gallego e toda a equipe da Puma; a Andrea Catani, da Proximus; e a Natalia Almeida, da MediBrasil.

Aos amigos que gentilmente contribuíram para esta obra com seus depoimentos: Alexandre Traverzim, Alexandre Evangelista, Rafael Gallego, Luiz Fernando Sá, Rafael Hernandez, Márcio Kroehn, O Corretor Corredor, Gutenberg Marques Dias e Chris Biltoveni.

FOLHA DE APROVAÇÃO

A presente obra foi aprovada e sua publicação recomendada pelo conselho editorial na forma atual.

Conselho Editorial

Prof. Dr. Antônio Carlos Mansoldo (USP – SP)
Prof. Dr. Jefferson da Silva Novaes (UFRJ – RJ)
Prof. Dr. Giovanni da Silva Novaes (UTAD – Portugal)
Prof. Dr. José Fernandes Filho (UFRJ – RJ)
Prof. Dr. Rodolfo Alkmim M. Nunes (UERJ – RJ)
Prof. Dr. Rodrigo Gomes de Souza Vale (UNESA – RJ)
Prof. Dr. Miguel Arruda (UNICAMP – SP)
Prof. Dr. Daniel Alfonso Botero Rosas (PUC – Colômbia)
Prof. Dr. Victor Machado Reis (UTAD – Portugal)
Prof. Dr. Antônio José R. M. da Silva (UTAD – Portugal)
Prof. Dr. Paulo Moreira da Silva Dantas (UFRN – RN)
Prof.ª Dr.ª Cynthia Tibeau
Prof. Dr. Luiz Alberto Batista (UERJ)

A Associação Brasileira de Profissionais de Educação Física e Esporte (ABRAPEFE) reconhece a qualidade desta obra, e recomenda sua leitura a todos os praticantes da modalidade.

APRESENTAÇÃO DO AUTOR

Alexandre F. Machado, natural do Rio de Janeiro, é profissional de Educação Física graduado pela Universidade Federal Rural do Rio de Janeiro (UFRRJ) e com Mestrado em Ciência da Motricidade Humana pela Universidade Castelo Branco (UCB).

Ministra palestras, cursos e treinamentos nas áreas de periodização, treinamento de corrida e avaliação física em todo o Brasil.

É autor de seis livros na área de treinamento de corrida, preparação física e avaliação física. Foi docente do ensino superior de 2003 a 2011, na Cadeira de Treinamento Esportivo, coordenador do laboratório de pesquisa em fisiologia do exercício, de 2005 a 2007, na Universidade Estácio de Sá em Petrópolis (RJ).

Consultor de diversos técnicos de corrida e *triathlon* e preparador físico de atletas de elite no Brasil, tendo conquistado como preparador físico o Tri-Campeonato Brasileiro de corrida de montanha (2008, 2009 e 2010) e o Bi-Campeonato paulista de corrida de montanha (2009 e 2010).

Sócio proprietário da assessoria esportiva KM Esportes. Idealizador da metodologia VO2 Pro de treinamento de corrida.

Em 2012, ganha o prêmio de profissional do ano pela Federação Internacional de Educação Física (FIEP). Em 2013, ganha a medalha Manoel Tubino pela Federação Internacional de Educação Física (FIEP).

Um apaixonado pela corrida, *Runaholic* assumido.

O PORQUÊ DO LIVRO

Tudo começou no Aeroporto de Congonhas, na cidade de São Paulo, em 2010, mais precisamente no café do piso inferior ao lado da livraria. Eu acabara de lançar o 3º livro da minha carreira, intitulado *Corrida – bases científicas do treinamento,* pela Ícone Editora.

O livro ainda não tinha sido lançado oficialmente, havia acabado de chegar da gráfica, e eu ali com o mais novo filho na mão, olhando atentamente, página por página, observando o resultado final do trabalho. Um senhor muito simpático que estava ao meu lado no café aguardando o embarque perguntou-me se estava indo para Curitiba correr a maratona no domingo, dia 21/11/2010.

De imediato, respondi que não, pois estava indo para Belo Horizonte ministrar aula na pós-graduação do curso de treinamento desportivo. Então, perguntei por que ele achou que eu estaria indo para Curitiba, e ele, de forma muito sutil, apontou para o livro.

Então, fechei o livro e perguntei se ele iria correr a maratona. A partir daquele momento, conversamos muito sobre corrida. Ele me falou de como a corrida o curou da depressão e devolveu a ele a forma física que perdeu ao longo dos anos. Eu falei das minhas corridas, do meu trabalho com a corrida, dos cursos e palestras pelo Brasil e sobre o livro.

Ele me pediu para ver o livro, e, de forma rápida, passou a vista de trás para frente no livro, indo direto ao Sumário. Leu item por item do Sumário e, depois, perguntou-me sobre cada um dos capítulos. Eu fui respondendo. Depois, ele me devolveu o livro e disse: "Eu nunca pensei que a corrida fosse um esporte tão complexo como estou percebendo agora. São muitas ciências envolvidas para que possamos cruzar a linha de chegada."

Desabafou, então, dizendo que já corre há, pelo menos, 10 anos, e nunca se preocupou com nada.

Simplesmente saía correndo cada dia de forma diferente, sem nenhuma orientação ou planejamento. Apenas depois dessa conversa, percebeu por que não tinha uma melhora nos tempos da prova. Em seguida, ele me fez um elogio, dizendo que era uma atitude muito bonita dividir meu conhecimento com aqueles que não o possuem, mas o desejam, referindo-se aos profissionais de educação física.

Quando eu ia fazer uma pergunta para ele, escutamos a chamada para o próximo voo, que era o meu. Eu dei o último gole no café, já frio, e coloquei o livro sobre o balcão para pegar minha mochila. Despedindo-me do senhor, ele estendeu-me a mão, cumprimentando-me e me parabenizando pelo livro. Então, fez a seguinte pergunta: "Por que você não escreve um livro para nós, corredores – um livro de fácil leitura que nos ajude a correr mais e melhor?"

Bom, aqui estamos, diante de uma obra escrita de corredor para corredor, baseada na minha experiência como treinador de corrida, tanto para o alto rendimento como para saúde e qualidade de vida.

Desejo a todos uma boa corrida.

Alexandre F. Machado

DEPOIMENTOS

Ler e correr, a meu ver, são atividades com muitos pontos em comum. Ambas nos lançam ao mundo das reflexões, do autoconhecimento, do desenvolvimento pessoal. Ambas nos reservam momentos de diálogo íntimo com o corpo e, sobretudo, com a mente. Correr, assim como ler, a gente aprende. E incorporamos à nossa lista de prazeres insubstituíveis desde as primeiras letras ou os primeiros passos. O livro *Corrida para Corredores* pode ser um tiro de largada para aqueles que se interessam pelo mais universal dos esportes.

Luiz Fernando Sá
Diretor Editorial Adjunto
Revistas ISTOÉ/DINHEIRO/GENTE
Atleta KM Esportes

Livro viciante, de fácil leitura, tanto para corredores iniciantes, quanto para corredores com bom nível de *performance*. Traz informações relevantes que nos fazem repensar movimentos e métodos de treino, estimulando-nos a correr a cada parágrafo de leitura.

Rafael Gallego
Corredor
Marketing *PUMA Sports*

Sempre procurei um livro que pudesse me ajudar a entender mais o mundo de um corredor de rua, e o que fazer para melhorar as técnicas de corrida de forma visual e prática. Estou feliz em ter encontrado este livro.

Rafael Hernandez
Corredor Performático

A naturalidade da corrida é, muitas vezes, assustadora. Afinal, basta colocar um pé na frente do outro, fazer um pequeno esforço e lá se vai mais um corredor em seu exercício diário. Mas a prática tem armadilhas traiçoeiras, como o descaso com os exames de saúde e a falta de informações básicas para evitar as lesões, tão comuns aos corredores. Se o primeiro problema só pode ser resolvido numa clínica médica, neste livro o leitor-corredor – do iniciante ao avançado – encontrará dicas importantes para a prática de um esporte saudável. Alexandre Machado divide todo o seu conhecimento (como especialista e amante da corrida) com quem precisa entender a mecânica do movimento, a necessidade de fortalecer o corpo e os benefícios de um planejamento equilibrado para evoluir em tempo e em distância – e com uma linguagem acessível, sem os termos técnicos do "corridês". Este *Corrida para Corredores* pode ser lido do começo ao fim, ou do meio para o começo, ou do final para o início. Não importa a ordem da leitura, porque este livro é fundamental como meio de consulta.

Márcio Kroehn
Editor do site da Veja
Atleta KM Esportes

YES !!! Já li vários livros sobre corrida, mas, quando fui convidado pelo autor para a leitura em primeira mão deste, sabia que seria uma experiência nova, empolgante e prazerosa. Aqui está um livro fascinante, escrito em linguagem simples, um verdadeiro manual de bolso para quem quer se iniciar na corrida ou melhorar a sua. Não importa se você já corre há muito tempo, há pouco tempo, ou se ainda só está pensando em correr. Se você ainda está caminhando ou já corre 5, 10, 21 km, ou mesmo uma maratona. Este é um livro para todos. De fácil leitura, com dicas práticas do que você deve fazer e também do que não fazer. Leia com calma, absorvendo toda a grande experiência do Alexandre Machado como treinador, palestrante e profissional de Educação Física. Deixo aqui uma pergunta: já corro a alguns anos, mas só agora me descobri um "Corredor Social". E você, que tipo de corredor é? Vem comigo...

O Corretor Corredor
Corredor Social

Corrida para corredores é um livro de referência para os que já praticam corrida ou mesmo aqueles que pretendem iniciar esse esporte. Vem recheado de fundamentos e dicas importantes para o melhor aproveitamento dessa prática esportiva que vem conquistando cada vez mais seguidores.

Gutenberg Marques Dias
Maratonista amador desde 2005.
Idealizador do sistema de gestão esportiva – Treinus

Autonomia e crítica, é assim que entendo essa obra, uma rica fonte de informações para os corredores que buscam em sua atividade diária algo muito além do simples prazer do correr, mas sua compreensão dos diversos aspectos que a compõem, o que resulta em uma maior cumplicidade entre prática e praticante, elementos que se fundem nos momentos mais especiais, naqueles em que somos felizes em busca da própria superação seja pelo tempo ou pela distância, ou ainda pela simples condição de se manter corredor. Quisera todas as modalidades esportivas pudessem ter um livro que tratasse a própria prática de modo tão claro e competente, teríamos assim atletas e pessoas com um nível de cultura esportiva muito mais elevado.

ALEXANDRE TRAVERZIM
Presidente ABRAPEFE

Muita gente não consegue entender qual é o barato da corrida, essa coisa que transforma um exercício em um verdadeiro vício. Há quem diga que o sucesso da modalidade está atrelado à divina ilusão de voar. Tem gente que diz que é uma maneira de fazer amigos. Outras pessoas garantem que nada é melhor do que a sensação de êxtase ao completar uma prova ou bater um novo recorde. Seja lá quais forem os motivos, correr virou mania e conquistou uma multidão de fiéis seguidores. E aqui está um verdadeiro guia para quem quer provar o ritmo dessa atividade e também para quem já tomou embalo e está correndo atrás de tudo o que esse esporte pode dar: corpo enxuto, resistência, fôlego e altas emoções. Boa leitura!

CHRIS BILTOVENI
Diretora de conteúdo do portal Sua Corrida

PREFÁCIO

A corrida de rua acabou de ganhar mais um filho e nós, corredores, estamos empolgados com este mais novo integrante da família, que recebeu o nome de *Corrida para Corredores*. Nele, o leitor irá encontrar dicas úteis e de extrema importância para começar a correr ou, então, para potencializar os resultados da corrida.

O professor e amigo M. Sc. Alexandre F. Machado conseguiu o que parecia impossível: unir a teoria da corrida à prática. Digo isso porque, até então, todas as obras escritas e disponíveis para o público tinham foco apenas na ciência do treinamento e eram direcionadas para os treinadores.

Dicas de alimentação e treinamento, tipos de tênis, análise de acessórios e do perfil de corredores são apenas alguns dos empolgantes tópicos abordados, de maneira direta e objetiva, nessa magnífica obra da literatura.

Tenha certeza de que, ao ler esse livro, a diferença entre sair correndo e correr ficará clara em sua mente, seja você corredor ou treinador, sedentário ou ativo, praticante ou curioso.

Um viva à corrida de rua, que ficou mais completa e feliz a partir de agora!

Prof. Dr. Alexandre Evangelista

SUMÁRIO

Capítulo 1. **O fenômeno da corrida, 19**

1. O fenômeno da corrida, **20**
2. A corrida de ontem e de hoje, **21**
3. Muitos motivos para correr, **22**
4. Correr ou sair correndo, **23**
5. Geração R, **24**
6. O dicionário do corredor, **25**

Capítulo 2. **Prepare-se, 31**

1. Você deseja correr ou sobreviver à prova?, **32**
2. Treinamento, **34**
3. Frequencímetro, meu amigo do peito, **35**
4. *Pace*, **39**

5. Postura durante a corrida, **41**
6. De olho na sua hidratação, **43**
7. O prato do corredor, **44**
8. Dicas de treinamento, **45**
9. Turbine a sua corrida, **52**
10. O treinamento técnico (exercícios educativos), **65**
11. Treinamento em altitude, **67**
12. Tênis, **69**
13. Meias de compressão, **74**
14. Avaliação física, **76**

Capítulo 3. Cruzando a linha de chegada, 81

1. Os 10 erros mais comuns durante uma prova, **82**
2. A corrida natural, **84**
3. Minha primeira prova, os 5 km, **85**
4. Meus primeiros 10 km, **86**
5. A primeira meia-maratona, **87**
6. Minha primeira maratona, **87**
7. Planilhas de treinos, **88**
8. Problemas e soluções no treinamento, **103**

Anexo. Ritmo, prova e tempo de prova, 105

Referências Bibliográficas, 107

CAPÍTULO 1 — O FENÔMENO DA CORRIDA

> Você conhece algum outro esporte em que o número de praticantes vem crescendo cada vez mais? Vejam estes números: Em 2009, no Estado de São Paulo, foram 240 provas com 401.465 inscritos contra 34 provas em 2003, com pouco mais de 50 mil inscritos. Então, podemos chamar a corrida de fenômeno social?

1 O FENÔMENO DA CORRIDA

A década de 1980 foi um período importante para os praticantes de atividades físicas, pois, nessa época houve um aumento do número de evidências científicas mostrando que a atividade física regular causa um efeito protetor em seus praticantes. Com isso, o exercício físico praticado de forma regular passou desempenhar um papel importante na manutenção da saúde e no controle de doenças crônicas não transmissíveis.

A sociedade antiga tinha como atividade habitual a corrida. Com o passar dos anos, e com o avanço tecnológico essa atividade passou a ser cada vez mais eletiva. Esta é uma das possíveis explicações da corrida estar entre as atividades físicas mais praticadas em todo o mundo, além de ser uma atividade de baixo custo e fácil execução.

Atualmente, a corrida é o esporte que mais cresce no Brasil e no mundo, sendo o segundo esporte mais praticado nas metrópoles brasileiras.

Não é somente a melhora da qualidade de vida dos seus praticantes que fez da corrida o esporte que mais cresce em número de adeptos no mundo, mas o que uma competição de corrida proporciona ao seus corredores, ou melhor, a magia da prova. Esta sim é de tirar o fôlego.

É uma sensação ímpar ver os rostos ruborizados dos corredores, bem suados e com uma expressão de cansados, mas ao mesmo tempo revigorados no final da prova. Sempre é um grande desafio: o calor, o cansaço, a solidão, a escuridão, os buracos, subidas, descidas, os intermináveis últimos metros. No entanto, como em nossos treinos, quando treinamos forte para competir fácil, o conjunto do trabalho físico e emocional não poderia ser diferente. Superamos todas as dificuldades e vencemos mais um desafio, a linha de chegada.

Enfim, mais uma conquista pessoal. Não importa ser iniciante ou não, pois o que realmente conta é cruzar a linha de chegada e a satisfação do dever cumprido, do poder de superação e da diversão.

Eu, particularmente, acredito que a vida seja feita de pequenos momentos especiais. E sou muito feliz por poder fazer parte de alguns desses momentos especiais da vida de todos os meus atletas/alunos.

Como Platão já dizia: A primeira e melhor vitória é conquistar a si mesmo.

Curiosidade

Atualmente, a corrida é o esporte que mais cresce no Brasil e no Mundo.

2 A CORRIDA DE ONTEM E DE HOJE

O treinamento desportivo passou por um processo evolutivo ao longo da história. Já no período de 778 a.C., o treinamento tinha "aquecimento" e "volta à calma". No período da improvisação (1896), como o próprio nome diz, o treinamento era improvisado em função das condições e das modalidades de competição. Mais à frente, na linha do tempo, temos o período da sistematização (1920), que deu início aos primeiros ensaios de metodologias de treinamento, porém sem nenhum tipo de embasamento fisiológico. Em 1952, tiveram início os primeiros ensaios com repostas científicas, marcando o período pré-científico. Em 1964, houve a revolução na ciência do treinamento desportivo, quando os treinamentos ganharam embasamento fisiológico e passaram a ser extremamente controlados e mais exatos, tornando-se uma ciência. A esse momento chamamos de Período Científico ou Revolução do Treinamento Desportivo, marcado pelo modelo fisiológico de adaptações imposto pelo treinamento intervalado.

Atualmente, a cada dia temos mais estudos nos esclarecendo sobre as adaptações no organismo impostas pelo treinamento. Além disso, há o avanço tecnológico que, comparado ao de 50 anos atrás, é gigante, nos permitindo ter acesso a informações que antes nem pensávamos ter. Com a corrida não poderia ser diferente. Os treinos no passado priorizavam muito o volume de treinamento (distância ou tempo), com metodologias que não causavam motivação, muito cansativas do ponto de vista psicológico, sem respostas orgânicas significativas. Ou seja, corria-se muito mais e rendia-se muito pouco.

Teoricamente, essa metodologia não existe mais, ou não deveria existir. Os treinos de hoje são montados com base na ciência e em métodos versáteis ao tempo e à disponibilidade de cada um, para que o treino seja mais eficiente e seguro.

Na prática, você começa a perceber que o volume se mantém ou tem uma diminuição durante a semana. Os treinos de ritmo vão ganhando espaço na planilha a ponto de se ter um treino de ritmo (TRT) por semana, durante todo o período de treinamento. Em outras palavras, são mais treinos de qualidade e menos de quantidade.

Dica

Antes de começar a correr, procure um médico para a liberação da prática do esporte. Depois, procure um profissional de Educação Física para uma boa orientação da corrida.

3 MUITOS MOTIVOS PARA CORRER

Muitos são os motivos que levam as pessoas a começar a correr. Agora: você sabe todos os benefícios que a corrida pode lhe trazer? Para obter esses benefícios, você deve seguir algumas orientações: procure um médico e, antes de iniciar a prática de exercícios, procure o profissional de Educação Física especializado em corrida; mantenha a regularidade das corridas com moderação e sem exageros. Você estará pronto para começar a gozar dos benefícios que surgem a partir dos 15 dias de prática regular da corrida. Dentre eles, podemos citar:

- Fortaleça o coração e os ossos;
- Ganhe qualidade de vida;
- Entre em forma (ganhe condicionamento e perca gorduras);
- Elimine estresse e doenças, como: caspa, dermatite, entre outras;
- Tenha pele e cabelo mais bonitos em função da oxigenação dos tecidos e eliminação das toxinas;
- Obtenha mais disposição para encarar o dia a dia;
- Melhore seu desempenho sexual e aumente sua libido;
- Faça muitos amigos e aproveite para aumentar seu *networking*;
- Seja disciplinado, pois todo esporte exige disciplina;
- Seja viciado em coisas saudáveis;
- Durma melhor;
- Tenha auxílio no combate ao diabetes e à hipertensão;
- Promova seu bom humor;
- Eleve sua autoestima;
- Acelere o seu cérebro: pesquisas relatam que o desempenho mental aumenta com o aumento do condicionamento aeróbio;
- Seja mais criativo. Alguns escritores, músicos e artistas utilizam a corrida como forma de driblar o bloqueio mental;
- Tenha o relógio a seu favor. Os praticantes de corrida conseguem programar melhor os seus compromissos ao longo do dia;
- Fuja das pressões do dia a dia. A "corridoterapia" ajuda você a fazer isso. Funciona como terapia, de fato.

Dica

Você conhece todos os benefícios que a corrida pode lhe trazer?

4 CORRER OU SAIR CORRENDO

Qual será o verdadeiro segredo do sucesso da corrida? Alguns dizem que correr é democrático, outros afirmam que a corrida é um esporte de baixo custo, e há outros ainda que dizem que a corrida não distingue classe social, credo, raça, sexo ou idade. Para mim, é simplesmente o fato de poder calçar o meu tênis e correr a qualquer hora e em qualquer local, e, ainda, poder escolher o meu cenário, seja na areia da praia da Barra da Tijuca, na raia olímpica da USP ou no parque do Ibirapuera. Simplesmente correr.

Há uma diferença entre correr e sair correndo. Outro dia, em um grupo de corredores de uma rede social, eu perguntei: "Você corre ou sai correndo?" Muitos responderam. Uns correm e outros simplesmente saem correndo. Afinal, qual a diferença? Correr é uma ciência, exige conhecimento fisiológico, biomecânico e metodológico para sua prática, com o objetivo de trazer benefícios à saúde. Sair correndo é um ato, como quando você sai correndo atrás de um ônibus, por exemplo. Você não presta atenção na postura do tronco, joelhos, cabeça, sua atenção está em conseguir pegar o ônibus.

A corrida é emoção, prazer, uma ciência complexa e cheia de detalhes. Para cada planilha de treinamento, cada sessão e cada dia de repouso, existe um conhecimento científico aplicado com a finalidade de tornar o treinamento mais eficiente e seguro para seu praticante. Com objetivo de esclarecer aos praticantes e aos amantes desta modalidade esportiva, vamos abordar os principais pontos que envolvem essa ciência, o treinamento desportivo ou, simplesmente, a preparação física. A preparação física é estruturada com base em exercícios sistematizados, representando um processo organizado pedagogicamente, com o objetivo de direcionar a evolução do atleta ou aluno. O treinamento implica existência de um plano, em que se definem igualmente os objetivos do praticante e os métodos de treinamento. A estrutura e organização do treino adotam um período de tempo, tanto de treinamento como de competições. A planificação do treinamento tem um caráter temporal. Portanto, considera-se um início e um fim do processo de preparação e competições, que serão determinados pelo calendário competitivo ou pelos objetivos do aluno ou atleta.

A periodização é um dos mais importantes (se não o mais importante) conceito do planejamento do treinamento. O termo se origina da palavra "período", que é uma fração do tempo ou uma divisão em pequenas partes, mais fáceis de controlar, que denominamos na presente obra "fases".

A periodização do treinamento desportivo pode ser vista como uma divisão organizada e planejada do treinamento anual, semestral, quadrimestral ou trimestral dos praticantes. Ou seja, obter o máximo do condicionamento esportivo por meio da dinâmica das cargas de treinamento distribuídas por períodos lógicos de treinamento.

Esses períodos lógicos de treinamento são distribuídos em três fases: aquisição, manutenção e perda temporal da forma esportiva, ou período preparatório, competitivo e transitório. O período preparatório é relativo à aquisição da forma esportiva; o período competitivo é relativo à manutenção da forma esportiva; e o período transitório é responsável pela perda temporal da forma esportiva.

Então, podemos observar que não basta apenas treinar, temos de planejar a forma, o método e quando e como queremos que a nossa condição se eleve de maneira satisfatória para podermos chegar a este momento com o máximo de nossa condição física e conseguir bons resultados de forma estruturada e planejada. Ou melhor, não basta apenas sair correndo, temos que correr.

5 GERAÇÃO R

Fazendo uma pesquisa na internet e em alguns artigos sobre o perfil do corredor brasileiro, ou, como gosto de chamar, a **geração R,** pude observar muitas informações, mas nenhuma daquelas que eu estava buscando.

Muitos artigos científicos e matérias em revistas para o público em geral divulgam informações referentes ao comportamento do número de participantes em provas: dividisão por sexo e faixa etária, o que consomem, o que gostam de fazer, classe social, entre outras informações. Todas essas informações são muito importantes, porém, não me deixaram satisfeito, pois ainda não descobri o que inspira uma pessoa a correr.

Por meio de uma abordagem sistêmica e com base em informações dos corredores, constatei inicialmente três perfis de corredores com inspirações diferentes, em dois dos três perfis com inspirações bem próximas, sendo eles: **Perfil Social** (diversão, bem-estar), **Perfil *Fit*** (bem-estar, saúde) e **Perfil *Performance*** (desafio, perfeição).

- **O corredor social –** utiliza a corrida como um meio para diversão e sociabilidade no ambiente de trabalho ou academia. A prova que mais gosta é a de 5 km, pois pode completar com tranquilidade e curtir os momentos pré-prova e pós-prova. Prefere os treinamentos com intensidade moderada e fácil, e de curta distância. Os percursos longos preferidos são os com distâncias inferiores a 10 km e superiores a 7 km. Gostam do *fartlek* como método para variar nos treinos. Este grupo tem um perfil de faixa etária menor que os outros, varia de 25 a 35 anos.

- **O corredor *fit* –** utiliza a corrida como um meio para atingir a boa forma ou manutenção desta. Não é fiel à corrida, porém, sabe que ela pode fazer com que chegue mais rápido ao seu objetivo principal: perda de peso. Este corredor já pratica a corrida há, pelo menos, 2 ou 3 meses; sua prova preferida são as de 10 km, por serem rápidas e bem prazerosas. É dedicado aos treinos e fiel às planilhas. Gosta de variar os locais de treinos e tipos de percursos, gosta também de experimentar alguns treinos com mais intensidade, mas sem compromisso. Os treinos intervalados são uma boa opção para ele. Entretanto, prioriza os com recuperação ativa e com intensidades moderadas, pois não gosta de sentir desconforto durante e após os treinos. Tem um perfil de idades variadas, com destaque para o público feminino, que vem crescendo cada vez mais. Este público é bem crítico e gosta de saber o porquê de fazer cada tipo de treino e como este treino vai ajudá-lo a chegar ao seu objetivo final.

- **O corredor performance –** este é o verdadeiro *runaholic*, ou seja, o "corredor viciado". Seu perfil de prova é a partir de 21 km, gosta das provas de 10 km para controle da *performance*. O interessante deste perfil é que ele foi um dia um corredor social ou *fit* e, com o tempo e a paixão pela corrida, se transformou no corredor performance. Consome tudo sobre corrida, desde revistas, roupas a alimentação. É competitivo consigo mesmo sobre os resultados, gosta de se superar sempre e está em uma luta constante contra as suas marcas anteriores. É bastante crítico com os treinamentos, porém, quando acha o treinador que faz com que suas marcas sejam batidas. É resistente à dor e a todo tipo de treinamento; para esse tipo de corredor, quanto mais difícil, melhor é o treino. Gosta de ir além de seus limites e, com isso, comete muitos excessos, que podem lhe causar lesões. Boa parte desse grupo é autodidata, treina sozinha, com base em planilhas de revistas, ou simplesmente ao acaso. Treinam muito volume e não conseguem melhorar suas marcas e *paces* médios de provas.

E você, o que lhe inspira a correr?

6 O DICIONÁRIO DO CORREDOR

No meio profissional, no lazer e nos esportes é muito comum as pessoas utilizarem um vocabulário próprio e, na corrida, não é diferente. A corrida é tida para alguns estudiosos como um dos maiores fenômenos sociais ocorridos nos últimos 100 anos e, como todo fenômeno social, acaba gerando um vocabulário próprio. O dicionário do corredor possui uma linguagem específica do mundo da corrida, com jargão de quem pratica o esporte envolvendo treinamento, biomecânica, nutrição, hidratação, equipamentos, vestuário e fisiologia.

A

Altimetria: representada por gráficos ou mapas, demonstra o relevo dos percursos das provas. Com isso, os atletas podem visualizar as subidas e descidas que enfrentarão ao longo da corrida.

Adrenalina: também conhecida como **epinefrina,** é um hormônio simpaticomimético e neurotransmissor, derivado da modificação de um aminoácido aromático (tirosina), secretado pelas glândulas suprarrenais. Em momentos de estresse, as glândulas suprarrenais secretam quantidades abundantes desse hormônio, preparando o organismo para grandes esforços físicos, estimulando o coração e elevando a pressão arterial.

B

Bpm: A sigla significa Batidas por Minuto, representa, na saúde, o número de vezes que o coração está batendo por minuto.

Bater contra o muro: expressão usada por maratonistas, refere-se à marca dos 30 km. Após essa distância, a sensação de esforço para alguns atletas é tamanha, a ponto de muitos dizerem que se assemelha a correr de encontro a uma parede.

C

Caixote: expressão utilizada em algumas regiões do Brasil, refere-se àquelas situações na largada em que os atletas ficam rodeados e não conseguem imprimir desde o início o ritmo que pretendem.

Canelite: dor na parte anterior da canela, normalmente está relacionada ao impacto constante ocorrido durante a prática da corrida, que gera pequenos traumas nessa parte do corpo.

Core: região que engloba o quadril, abdome e lombar, é considerada o centro de estabilização e de produção de força do corpo.

Contínuo: método de treinamento em que o atleta corre sem intervalo de recuperação, podendo variar a velocidade com características *progressive*, *regressive* e variável (*fartlek*), ou mantê-la constante.

D

Déficit de oxigênio: retardo do consumo de oxigênio no início do exercício.

E

Endorfina: substância produzida pelo cérebro, utilizada pelos neurônios para facilitar a comunicação com o sistema nervoso e outras células do corpo. A endorfina é produzida em resposta à atividade física, com intenção de dar prazer e despertar a sensação de euforia e bem-estar.

Escala de Borg: escala alternativa em que o atleta usa a própria sensibilidade para saber a intensidade de esforço durante a prática de atividade física. A tabela é: 7- 8 muito fácil; 9-10 fácil; 11-12 relativamente fácil; 13-14 ligeiramente cansativo; 15-16 cansativo; 17-18 muito cansativo; 18-20 exaustivo.

Exercícios Educativos: exercícios que ajudam no desenvolvimento da técnica da corrida e no fortalecimento da musculatura dos membros inferiores.

F

Fartlek: treino contínuo em que o corredor alterna ritmos fortes e leves. O atleta corre o tempo todo, mas aumenta ou diminui a intensidade a cada distância ou tempo.

Frequência cardíaca máxima (FC máx.): valor em Bpm da frequência cardíaca máxima, teoricamente em que o corredor pode chegar. Também serve para determinar as frequências cardíacas de diferentes tipos de treinamentos. Pode ser obtida pelo teste ergoespirométrico ou estimada por fórmulas matemáticas.

G

Gasto calórico ou gasto energético: aponta quantas calorias são gastas em um determinado tempo de exercício ou atividade.

Glicogênio muscular: principal combustível do corpo durante a prática de atividade física. É estocado no organismo com a ingestão de alimentos ricos em carboidratos.

I

Intervalado: método de treinamento em que o atleta corre em intensidade alta durante determinado tempo ou distância, e faz um intervalo de recuperação que pode ser ativo (caminhando) ou passivo.

L

Lactato (ácido lático): resíduo metabólico produzido pelo organismo, quando uma pessoa se exercita além do limiar anaeróbio. Causa fadiga muscular e diminui a capacidade do corpo de absorver oxigênio.

Limiar de lactato (LL): momento em que o corredor atinge um ponto no qual a taxa de produção é igual à taxa de remoção do ácido lático. E qualquer intensidade a partir desta dará início ao processo de fadiga.

Longão: treino em que o principal objetivo é a distância percorrida. Costuma ser realizado uma vez por semana, geralmente aos sábados ou domingos, dias em que as pessoas dedicam mais tempo aos exercícios.

K

KM: sigla para a unidade de medida de comprimento quilômetro.

Km/h: unidade física utilizada para medir velocidades, que pode ser entendida como distância percorrida em um intervalo de tempo de 1 hora.

O

Overtraining: também conhecido como síndrome de supertreinamento, ocorre quando o atleta força muitos seus treinos. Os sintomas são parecidos com as consequências naturais de um treinamento forte, mas são crônicos e causam uma queda no rendimento. O corpo perde a capacidade de se recuperar das sobrecargas sucessivas e entra em pane.

P

Pacer: conhecido popularmente como *Coelho*. Atleta contratado pela organização de uma competição para correr a prova (ou parte dela) em determinado tempo ou velocidade. Serve de referência para os demais competidores.

Pace: unidade física utilizada para medir ritmo (velocidade) do corredor, que pode ser entendida como intervalo de tempo gasto para percorrer 1 km, geralmente é expresso em min/km.

Pipoca: pessoa que não fez a inscrição para uma corrida, mas mesmo assim participa da prova.

Postos de abastecimento: postos montados ao longo dos percursos das provas com água, bebidas esportivas, frutas, alimentos e suplementos alimentares para que os corredores possam se reidratar e repor as energias.

Percurso: trajeto percorrido ou trajeto da prova, geralmente é expresso em quilômetros ou milhas.

Pisada neutra: tipo de pisada resultante do arco do pé normal. Durante a corrida, o corredor consegue manter a pisada centrada, não forçando o pé para fora (supinador) nem para dentro (pronador).

Planilha: planejamento ou periodização do treinamento ao longo do mês, de acordo com os objetivos.

Pliometria: exercícios de saltos. O conceito da pliometria baseia-se em exercícios específicos que envolvem o CAE – Ciclo Alongamento Encurtamento – da musculatura.

Pronador: corredor cuja pisada tende para a parte interna do pé. Há desde pronadores leves a excessivos.

Q

Quebrar: palavra utilizada quando um atleta perde as forças em determinado momento da prova e não consegue completar a corrida (ou precisa diminuir o ritmo para chegar até o final).

R

Runaholic: pessoa viciada em corrida.

Recuperação ativa: momento entre um estímulo e outro do treinamento, em que o corredor se mantém fazendo exercício com uma intensidade mais baixa do que o estímulo, ideal para otimizar a capacidade de remoção do ácido lático.

Recuperação passiva: momento entre um estímulo e outro do treinamento em que o corredor se mantém parado, ideal para otimizar a resistência a altas concentrações de ácido lático.

Rodagem: treinos leves usados com função regenerativa.

S

Suplementação: nutrientes ingeridos por meio de comprimidos ou outros com orientação profissional, como proteínas e carboidratos. São utilizados para a melhora do desempenho esportivo.

Sobrecarga: aumento na intensidade (velocidade) ou duração (tempo ou distância) do exercício.

Supinador: corredor que apoia a parte externa (de fora) do pé com mais intensidade durante a passada.

T

Treinamento físico: desenvolve o condicionamento geral ou específico, visando a atingir a máxima *performance* em um determinado período de tempo.

Tempo-*run* (treino de ritmo): tempo em que um atleta percorre uma distância predeterminada em ritmo contínuo e intensidade moderada a alta.

Teste ergoespirométrico: teste que tem como objetivo mensurar o VO_2 máximo e os limiares aeróbico e anaeróbico. É realizado em qualquer ergômetro. É utilizado um analisador de gases, que fica acoplado por meio de uma máscara ao rosto do corredor.

Teste ergométrico: teste que tem como objetivo avaliar o comportamento das respostas do sistema cardíaco durante o esforço. Este teste é fundamental para a liberação do indivíduo à prática esportiva.

Tiro: tipo de treino intervalado composto por uma sucessão de esforços intensos, intercalados por períodos de recuperação.

Trail running: corrida em montanhas, trilhas, desertos ou qualquer tipo de terreno que seja acidentado.

Tendinite: inflamação de um tendão. Sua principal causa é o esforço repetitivo a que se é submetido durante a corrida. É uma das patologias mais comuns entre corredores.

Treinamento funcional: exercícios que atuam em vários planos e eixos ao mesmo tempo e, com isso, desenvolvem força, coordenação, equilíbrio e resistência em seus praticantes, de forma global.

Treino de limiar: treino com intensidade alta, próxima do limiar anaeróbico.

Treino regenerativo: treino leve, geralmente realizado em dias posteriores a treinos intensos.

U

Ultramaratona: prova com distância superior a 42 km. A BR 135 é a mais longa ultramaratona do Brasil, com 217 km de prova.

V

VO$_2$ máximo: volume máximo de oxigênio que o corpo consegue consumir durante o exercício físico. É um indicador de potencial de um atleta e pode ser melhorado com os treinos, mas cada indivíduo possui seu limite natural.

V máx.: velocidade máxima de contração da fibra muscular.

Velocidade crítica: máxima velocidade que o corredor pode manter por um período indeterminado de tempo.

Z

Zonas-alvo: limites mínimo e máximo de intensidade preconizados para o treino com o objetivo de obter a máxima *performance*.

CAPÍTULO 2 PREPARE-SE

> Se é correr por correr, então, correr para quê? É por meio deste trocadilho que podemos perceber a importância de um bom planejamento para nossa corrida. Não basta sair correndo, é preciso ter todo um conhecimento científico aplicado ao nosso treino.

1 VOCÊ DESEJA CORRER OU SOBREVIVER À PROVA?

Planejamento

Nas provas de corrida encontramos muitos corredores e, dentre eles, aqueles que vão participar de uma prova sem qualquer orientação de treinamento. Simplesmente, saem correndo durante a semana e também nos dias de prova. Esses corredores vêm embalados pela adrenalina da competição, terminam a prova com uma sensação de cansaço muito além do normal, com fortes dores, na maioria dos casos, e perdem dias em uma recuperação eficiente do organismo, antes de qualquer outro tipo de treino ou prova. Esses corredores não correm uma prova, sobrevivem a ela.

O planejamento do treino é o primeiro passo para cruzar a linha de chegada e, com a corrida, não é diferente. Ele é feito pelo profissional que irá acompanhá-lo ou orientá-lo. A partir do planejamento será montada toda a sua rotina de treinamento, composta por 3 etapas sendo: (1ª) diagnóstico; (2ª) estratégia e (3ª) execução.

- **Diagnóstico** – nesta etapa, o treinador obtém informações da condição física do aluno/atleta, dos objetivos a atingir no curto (2 a 3 meses), médio (5 a 6 meses) e longo prazo (a partir de 8 meses), dos dias e locais de treino ao longo da semana e das rotinas pessoais.

- **Estratégia** – aqui, serão determinadas as metas de curto, médio e longo prazo das provas que irá participar, com objetivos de superação ou de evolução da marca; além disso, o tempo de trabalho de base e específico, e a montagem da planilha com as descrições dos treinos.
  ↘ Superação – realizar pela 1ª vez a prova;
  ↘ Evolução – melhorar a marca na prova.

- **Execução** – nesta etapa, o aluno já está realizando o treinamento prescrito pelo treinador e passando os *feedbacks* dos treinos ao treinador, para que ele possa fazer o ajuste fino das cargas de treino.

O objetivo do treinamento pode ser realizar uma prova, o condicionamento ou o efeito estético (emagrecimento). O importante é que, para elaborar um planejamento eficiente, você deve saber onde quer chegar, ou melhor, qual a sua meta. Depois, o ponto de partida é verificar como está, e, a partir deste ponto, traçar uma linha de ação para que você chegue ao seu objetivo. Para que o planejamento seja elaborado com exatidão nas informações e nas suas ações, deve ser feito por um profissional de Educação Física com experiência em treinamento de corrida.

Outro ponto importante para o corredor é a construção do seu diário de treino. O diário vai permitir que você e o treinador possam avaliar as condições de melhora ao longo da periodização do treinamento e fazer algum ajuste caso seja necessário. A seguir, um exemplo de diário de treino.

Diário de treino

Tempo total de treinamento – 12 semanas
Início dos treinos – 31/12/12
Prova-alvo – 21 km – Planilha superação

- **SEMANA** – 4ª (semana de treino atual) / 12ª (total de semanas da periodização)

Dia – 22/01/13. Sessão – 10	Distância (km)	Tempo Total (h:min:seg)	*Pace* médio (min/km)
Previsto	10 km	0:52:00	5:12 min/km
Realizado	10 km	0:56:00	5:36 min/km

Dia – 24/01/13. Sessão – 11	Distância (km)	Tempo Total (h:min:seg)	*Pace* médio (min/km)
Previsto	15 km	0:84:00	5:36 min/km
Realizado	15 km	0:92:00	6:07 min/km

Dia – 26/01/13. Sessão – 12	Distância (km)	Tempo Total (h:min:seg)	*Pace* médio (min/km)
Previsto	20 km	0:125:00	6:15 min/km
Realizado	20 km	0:127:00	6:21 min/km

OBS.:
Previsto – o que foi prescrito pelo treinador na planilha.
Realizado – o que foi realizado por você no treino.

2 TREINAMENTO

Tipos de treinamento

- **Treino de ritmo (TRT)** – esse treino tem por objetivo fazer com que o corredor melhore seu ritmo de corrida. Geralmente, tem uma distância menor ou igual à metade da prova-alvo. Exemplo: Prova-alvo de 10 km; logo, o TRT será de 5 km.

- **Treino de estabilidade (TE)** – esse treino tem por objetivo estabilizar a condição de treinabilidade do treino de ritmo. Logo, deve ser o treino posterior ao TRT. Geralmente, tem uma distância média entre o TRT e a prova alvo. Exemplo: Prova-alvo de 10 km, TRT será de 5 km e TE será de 7,5 km.

- **Treino longo (TL)** – esse treino tem por objetivo otimizar o componente cardiorrespiratório (VO_2 máx). Quanto mais longa a prova, maior será o TL. As distâncias nesses treinos são de 20% a 50% maior que a distância da prova-alvo. Exemplo: Prova-alvo de 10 km, TRT será de 5 km, TE será de 7,5 km e o TL será de 12 a 15 km.

- **Treino intervalado (TI)** – tem por objetivo melhorar o desempenho do corredor. Com RA aperfeiçoar a remoção de lactato e com RP, otimizar a resistência ao lactato. Geralmente, os intervalos com RA são mais utilizados, até 30 dias antes da prova-alvo. Os intervalados com RP são utilizados no período de 30 dias que antecedem a prova-alvo.

> ↘ **RA** – regeneração ativa (em movimento), de caminhada à corrida de baixa intensidade, com até 60% da FC máx.
> ↘ **RP** – regeneração passiva (parado).

Para os estímulos longos (800 a 1.000 m), os intervalos devem ser de 1:1 para 1:½. Exemplo: para estímulo de 8 minutos, o intervalo de recuperação vai ser de 8 a 12 minutos.

Para estímulos médios (400 a 600 m), a relação do intervalo será de 1:2. Exemplo: para estímulo de 3 minutos, o intervalo de recuperação será de 6 minutos.

Para estímulos curtos (até 200 m), a relação do intervalo será de 1:3. Exemplo: para estímulo de 1 minuto, o intervalo de recuperação será de 3 minutos.

- **Fartleck (FT)** – treino com objetivo de quebrar a homeostase do repouso ou iniciar um processo de condicionamento em indivíduos que estão sedentários. Este tipo de treino permite qualquer intensidade e qualquer variação desta, durante a sessão.

Treinamento de base *versus* específico

O período de preparação de nossos alunos e atletas pode ser dividido em três momentos bem marcantes: período de base, período específico e período regenerativo.

O período de base tem por objetivo fazer com que o corredor possa correr cada vez mais longe. Nesse período, as distâncias vão aumentando de forma gradativa. O foco é o componente cardiorrespiratório e a resistência muscular.

O período específico tem por objetivo fazer com que o corredor possa correr cada vez mais rápido. Neste período, as distâncias diminuem, a velocidade dos treinos aumenta e são incorporados os treinos intervalados. O foco é o aumento da velocidade da corrida em distâncias cada vez maiores.

Já o período regenerativo é o momento em que o corredor passa a reduzir todas as cargas de treinos, tanto pela distância como pela velocidade. O foco é recuperar para o próximo período de cargas.

A relação entre período de base e período específico é bem discutida na literatura. O importante é entender a função de cada uma delas para que o planejamento seja perfeito.

A base possibilita gerar uma adaptação para suportarmos os treinos específicos, mais intensos, porém mais curtos; ao contrário dos treinos de base, menos intensos, mas com uma distância maior. O segredo do comportamento, na passagem do período de base para o específico, é diminuir as distâncias ao mesmo tempo em que as velocidades são aumentadas, para que, no final, o corredor esteja mais rápido e mais resistente.

É importante que, no período de base, o corredor possa adquirir resistência muscular e técnica do movimento, ou seja, saiba correr, pois, na fase específica, ele dever ganhar velocidade, e a técnica perfeita é fundamental para isso.

3 FREQUENCÍMETRO, MEU AMIGO DO PEITO

Calculando a intensidade do treino

O controle da intensidade do treino pela frequência cardíaca (FC) é a forma mais simples e prática para orientar a carga de treino. É utilizado em duas situações: (1) orientar a intensidade do exercício e (2) determinar a interrupção de um teste ou exercício, somando o alto índice de confiabilidade e a praticidade de leitura da FC. Com o monitor de frequência cardíaca (POLAR), qualquer corredor é capaz de controlar seu próprio treinamento.

- **Primeiro passo:** para determinar em qual frequência de treino correr, o primeiro passo é encontrar a FC máxima, sendo necessário o uso de um modelo matemático para sua predição. Para a corrida, os modelos mais adequados segundo pesquisas (ROBERGS, LANDWEHR, 2002) são descritos abaixo, ambos com uma variação menor que 3 Bpm.

$$FC_{máx.} = 200 - 0{,}5\,(idade)$$

Eq. 1 – Para o sexo masculino (FERNANDEZ, 1998).

$$FC_{máx.} = 212 - 0{,}846\,(idade)$$

Eq. 2 – Para o sexo feminino (FROELICHER, MYERS, FOLLANSBEE, LABOVITZ, 1998).

- **Segundo passo:** determinar a intensidade de treinamento de acordo com o objetivo e determinado pelo treinador. A seguir, a Tabela 2.1 com as características fisiológicas de cada tipo de treinamento.

Tabela 2.1 – Tipo de treinamento e características do treino e intensidade correspondente.

Treinamento	Características	% $FC_{máx.}$
Regenerativo	Energia proveniente da oxidação das gorduras.	≤ 74
Condicionamento aeróbio	Energia proveniente do glicogênio muscular e glicose.	75 – 84
Condicionamento misto (AER/ANA)	Energia proveniente dos hidratos de carbono.	85 – 89
Condicionamento anaeróbio lático	Energia proveniente dos hidratos de carbono de forma aeróbia e anaeróbia.	90 – 94
Condicionamento anaeróbio alático	Trabalho de curta duração, não ocorrendo acúmulo de lactato.	≥ 95

- **Terceiro passo:** determinar a FC de trabalho (FCt) com base na FC de repouso. O treinamento é realizado em uma zona de trabalho específica, levando em consideração a condição física atual por meio da FC de repouso. Com esse raciocínio, o treinamento proposto será atingido com maior eficiência e segurança para o corredor.

$$FCt = (FC_{máx.} - FC_R)\,IT + FC_R$$

Eq. 3 – Fórmula para obter a FC de trabalho.

Em que:
$FC_{máx.}$ = Frequência cardíaca máxima
FC_R = Frequência cardíaca de repouso
IT = Intensidade do treinamento desejado (%)

Exemplo:

$FC_{máx.} = 194$ bpm
$FC_R = 80$ bpm
$IT = 85\%$ da $FC_{máx.} = 0,85$

$FCt = (194 - 80) \times 0,85 + 80$
$FCt = 176,9 = 177$ bpm
85% da $FC_{máx.} = 177$ bpm

Classificação das intensidades de treino

- **Intensidade forte (85 a 90% $FC_{máx.}$).**
  Forte = acima de 85%
- **Intensidade moderada (70 a 80% $FC_{máx.}$).**
  Confortável = 70%
  Moderado = 80%
- **Intensidade leve (60 a 70% $FC_{máx.}$).**
  Leve = 60%

Dica

Procure treinar sempre com o frequencímetro, pois ele é a forma mais precisa e segura de treinar na intensidade correta da sua corrida.

Treinando com o frequencímetro

Para um bom desenvolvimento da condição física, devemos seguir os princípios do treinamento de forma precisa, para que o treino tenha eficiência e segurança. O princípio da interdependência volume/intensidade rege o comportamento das cargas de volume e intensidade durante o treinamento.

Denominamos o *volume* como distância percorrida ou tempo de treino, e a intensidade pela FC de treino ou pela velocidade de treino (min/km). Um exemplo de treino seria:
- distância de 10 km para % $FC_{máx.}$ de 80, ou
- distância de 10 km para ritmo de 6 min/km.

Com base nessa manipulação das cargas de treino de forma contínua, ocorrerá o fenômeno da adaptação ou aumento do condicionamento e, com ele, as suas consequências positivas ou benefícios.

Então, você pergunta: como eu posso ter um controle eficiente e preciso dessas variáveis durante o meu treino? O avanço tecnológico trouxe inúmeros benefícios para a área do treinamento; com a corrida não poderia ser diferente. Há muito tempo, são utilizados frequencímetros no monitoramento da intensidade dos treinos, a partir da FC. No LABIFIE (Laboratório de Biometria e Fisiologia do Esforço), da UFRRJ, utilizamos o POLAR®, pois é o único frequencímetro portátil aceito mundialmente como instrumento de pesquisa, por sua precisão na aquisição das informações da FC.

Porém, o desafio de um estudante muitas vezes pode ser outro: procurar um equipamento com a mesma precisão do monitoramento da FC e que permita também obter informações sobre ritmo e distância percorrida. A marca POLAR®, então, disponibilizou um equipamento que informa esses dados.

Trata-se de um computador de treino que permite obter essas informações e muitas outras. O nome desse equipamento é RC3 GPS (Foto 2.1A).

Foto 2.1A – Polar RC3 GPS.

Informação precisa no momento certo, é o que se pode dizer desse equipamento que permite ter a informação de treino desejada com precisão e com fácil operacionalidade. O RC3 GPS tem inúmeras funções, porém, vamos nos limitar a algumas delas, utilizadas para monitorar treinos.

O RC3 GPS, além de ser um frequencímetro, tem GPS integrado, o que permite obter informações sobre a distância percorrida e ritmo de treino em curso, além de outras variáveis exclusivas da tecnologia POLAR®, como:

- **Benefício do treino** – essa função mostra o benefício da sessão de treino;
- **Diário *online* de treino** – além de ter um diário dos treinos *online*, é possível compartilhá-los com outras pessoas;
- **Índice de corrida** – calcula a eficiência da corrida com base na resposta da FC e da velocidade;
- **Zonas de treinamento** – nesta função, sempre que a FC estiver abaixo ou acima, o equipamento dispara um alarme sonoro e visual.
- **Polar Zone Optimizer** – funciona como um treino inteligente a partir da leitura da variabilidade da FC. Após a leitura da variabilidade da FC, o equipamento ajusta o treinamento para a intensidade mais apropriada para a sessão de treino. Essa função permite que o equipamento oriente para uma sessão de treino eficiente no dia a dia, levando sempre em consideração a condição fisiológica atual.

As informações do treino aparecem no visor do relógio de forma bem nítida e, para ver outras funções, basta aproximar o relógio do dispositivo ao peito para a troca de telas acontecer de forma automática. Essa caraterística, em especial, possibilita manter o treino de ritmo com a intensidade proposta durante todo o percurso. A seguir (Figura 2.1B), algumas telas e suas informações.

Frequência cardíaca
Ritmo (min/km)
Distância (km)

Tempo da volta (min)
Frequência cardíaca atual
Distância da volta (km)

Zone Pointer - indicação da zona de treino em curso
Tempo na *zone pointer* (h:min:seg)
Duração do treino (min)

Velocidade média (min/km)
Calorias (kcal)
Hora

Calorias (kcal)
Hora
Duração do treino (min)

Sport Zone –
indicação do tempo em cada zona de treino (min)

Foto 2.1B – Telas de funções do Polar RC3 GPS.

Encerrado o treino, é possível obter informações sobre seus benefícios no ficheiro de treinos, uma área específica do menu *Dados*. Esta função vai permitir entender o impacto fisiológico da sessão de treinamento. São 17 tipos de treinos e seus benefícios catalogados, que vão dos treinos de recuperação até os treinos supramáximos. Mas, lembre-se: um treino somente não é suficiente para provocar uma adaptação no organismo, mas, sim, uma sequência de treinos bem planejados e organizados.

Exemplos:

- **Treino de base:** "Parabéns! Esta sessão de baixa intensidade melhorou sua resistência aeróbia e a capacidade de eliminar as gorduras durante o exercício."

- **Treino máximo:** "Foi uma sessão dura! Melhorou a sua velocidade de *Sprint* e o sistema nervoso muscular, o que o torna mais eficiente."

Ainda em pastas de treino, você pode obter outras informações como: hora de início do treino, duração do treino, distância do treino, FC (média, máxima e mínima), calorias, porcentagem de gordura eliminada, velocidade média, velocidade máxima, índice de corrida, números de voltas, melhor volta, volta média, entre outras funções.

Ainda em *Dados*, há a opção de resumos semanais, onde se visualiza de forma rápida os treinos da semana e informações gerais, como distância semanal, calorias semanal e duração total na semana.

Com tanta tecnologia em prol do treinamento, fica cada vez mais fácil prescrever, controlar e monitorar o desempenho.

4 PACE

O que é *pace*?

Pace é uma palavra de origem inglesa que significa passo, movimento regulado, ritmo. O *Pace* é um termo muito utilizado por praticantes de corrida de rua e expressa o tempo que levamos para percorrer um quilômetro (min/km).

Como calculá-lo?

Basta dividir o tempo gasto (em minutos) pela distância total do trajeto percorrido (em quilômetros).

Por exemplo: um indivíduo terminou a corrida de 5 km em 30 minutos:

$$\text{Pace Médio} = \frac{\text{Tempo (em minutos)}}{\text{Distância (em quilômetros)}}$$

30 min / 5 km = 6 min/km
(significa que, a cada 6 minutos,
ele percorreu 1 quilômetro)

Os corredores iniciantes, que não tem noção do seu *Pace* Médio, podem calculá-lo assim: basta um relógio com cronômetro e um local adequado (plano e com a marcação exata da distância de 1 km) para realizar o percurso e o cálculo. O tempo total cronometrado no percurso é o seu *Pace*.

Para que serve o *Pace*?

Em primeiro lugar, serve para organizar a largada da corrida. Normalmente, a organização do evento vai distribuir os atletas mais velozes à frente dos demais. Essa sinalização é feita com bandeiras de diversas cores, indicando determinado grupo com mesmo ritmo de corrida. São distribuídas pulseiras coloridas que dão acesso aos atletas nos locais determinados. Também existem alguns integrantes da organização da corrida que correm com placas indicativas do *Pace*.

Essa é uma informação muito importante porque, com base nesse dado, podemos controlar melhor nosso ritmo durante uma prova de rua. É fundamental ter essa noção de tempo e distância durante a prova. Para os iniciantes, também pode ajudar no controle da ansiedade e expectativa de conseguir ou não terminar a sua primeira corrida de rua.

Pace no treinamento

De forma bem simples, podemos calcular a intensidade do ritmo do treinamento, correlacionando com o VO_2 máximo. Basta você correr com um ritmo forte a maior distância possível, a distância ideal é a metade da distância da sua prova-alvo. Na prática, podemos dizer que você deve correr com um *pace* de 30 segundos a 1 minuto e 30 segundos mais rápido que seu ritmo normal.

Exemplo:
Distância percorrida: 5.000 metros
Tempo gasto: 36 minutos e 40 segundos.

1º passo: transforme o resultado para segundos.
32 minutos e 40 segundos = 1.960 segundos

2º passo: divida o resultado em segundos por 5.000, o resultado será a velocidade em metros por segundo (m/s).
5.000 ÷ 1.960 = 2,5 m/s

3º passo: multiplique a velocidade em metros por segundo por 3,6, para encontrar a velocidade em quilômetros por hora (km/h).
2,5 × 3,6 = 9,2 km/h

4º passo: divida o tempo em segundos pela distância em quilômetros, o resultado será a velocidade em segundos por quilômetro.
1.960 ÷ 5 = 392 segundos ou
6 minutos e 32 segundos/km

Logo, o ritmo de trabalho máximo é de **6 minutos e 32 segundos** por quilômetro ou **6,32 min/km**.

De posse do ritmo de trabalho máximo, vamos calcular o ritmo de trabalho para 80% do ritmo máximo.

Exemplo:
Pegue o tempo total em segundos do ritmo de trabalho máximo e multiplique por 100, depois divida pela intensidade proposta (80%).
(392 × 100) ÷ 80 = 490 segundos ou **8,10 min/km**.

Ao controlar o ritmo de treinamento de maneira mais precisa, as sessões se tornam muito mais motivantes e desafiadoras. Com isso, o corredor fica mais seguro com relação ao que pode e deve fazer durante o treinamento.

5 POSTURA DURANTE A CORRIDA

A postura adequada é importante para uma melhor eficiência mecânica, o que permite maior economia de energia para o movimento realizado. Conforme a distância e a velocidade aumentam, pequenos erros na postura ficam mais evidentes e causam maior desperdício de energia, o que pode levar a uma fadiga precoce.

A corrida é dividida em três grandes fases: impulsão, aérea (figura 2.2) e aterrissagem. Para melhor eficiência mecânica, é necessário analisar a mecânica dos pés à cabeça em cada uma das fases da corrida:

- **Pés** – procure usar totalmente os pés, do tornozelo até a região central do pé, pois, à medida que ocorre a transição do peso do corpo sobre o pé, o corredor terá uma propulsão maior na fase aérea da corrida.
- **Tornozelos** – mantenha-os relaxados, para uma transição suave do peso do corpo sobre o pé, e também para diminuir o impacto do solo sobre as articulações, como tornozelo, joelho e quadril.
- **Joelhos** – durante a passada, erga os joelhos, pois isso irá proporcionar melhor movimento durante a corrida, maior propulsão e menor impacto sobre o solo.
- **Braços** – os braços e as pernas devem se movimentar no mesmo ritmo, para manter o equilíbrio dinâmico da corrida. Eles devem estar soltos e relaxados, mas não devem ultrapassar a linha medial do corpo.
- **Cotovelos** – os cotovelos devem estar soltos para permitir um movimento de pêndulo perfeito dos braços, que devem estar no mesmo ritmo que as pernas.
- **Ombros** – para um perfeito movimento de pêndulo e para os braços acompanharem o ritmo das pernas, os ombros devem estar soltos, relaxados e paralelos ao solo.
- **Cabeça** – mantenha o olhar para frente, em direção ao horizonte. Com essa postura, fica mais fácil manter ombros, braços, joelhos e pés atuando de maneira correta.

Foto 2.2 – Fase aérea da corrida.

6 DE OLHO NA SUA HIDRATAÇÃO

A hidratação assume um papel decisivo para a conclusão das provas mais longas, como a meia-maratona e a maratona, pois a desidratação leva o praticante rapidamente a um quadro de fadiga. As implicações fisiológicas instaladas por um quadro de desidratação podem levar o praticante da modalidade à fadiga aguda, causando risco à saúde.

A eliminação da água pelo organismo ocorre basicamente por quatro vias: (1) urina; (2) suor; (3) fezes e (4) ar expirado. A quantidade de líquido eliminado em cada via poderá ser alterada, caso a produção de suor aumente de forma significativa. Paralelo a este fenômeno ocorre um conjunto de adaptações hormonais da aldosterona, angiotensina e renina, que tem por objetivo diminuir a perda de água.

São diversos os fatores que podem interferir na produção de suor, levando o indivíduo à necessidade de hidratação constante para evitar o *deficit* hídrico. A previsão da produção de suor pode ser utilizada como ferramenta para prever esse *deficit*. Ele gera um quadro de desidratação iniciado por meio de vários fatores, como: excesso de perda de água, vômito, inviabilidade de deglutição de líquidos, estenoses agudas no esôfago, diarreia, produção de suor e ingestão inadequada de líquidos. Os dois últimos são os que se relacionam com a desidratação durante o exercício.

Existem três distintos tipos de desidratação: **hipotônica**, quando a perda de sal excede a perda de água; **isotônica**, quando a água e os eletrólitos são perdidos em proporções iguais; e **hipertônica**, quando a perda de água excede a de eletrólitos. Durante o exercício físico, o tipo de desidratação que mais ocorre é a hipertônica.

- **Mecanismo de desidratação hipertônica:** durante a desidratação hipertônica, os fluidos são decorrentes de alterações do equilíbrio osmótico entre o meio intra e extracelular. Quando ocorre a perda hídrica por sudorese, perde-se principalmente água do meio extracelular, aumentando a pressão osmótica do meio extracelular. Com objetivo de se estabelecer a homeostase, há um deslocamento de água do meio intracelular para o meio extracelular pelo mecanismo de regulação osmótica, causando contínua desidratação das células durante o exercício.

Mesmo sendo realizada a hidratação, pode ocorrer quadro de desidratação, pois a capacidade de esvaziamento gástrico é de aproximadamente 1 a 1,2 litro por hora, enquanto a perda pode chegar a atingir 2 litros por hora.

Usualmente, expressamos a redução do peso corporal em percentual para quantificar o nível de desidratação e correlacionar seus efeitos. Já foram encontradas reduções de 7 a 8% do peso corporal em maratonistas. Nas Olimpíadas de Los Angeles, durante a prova de maratona, o atleta Alberto Salazar perdeu 8 litros de suor.

Um corredor treinado pode perder de 1,5 litro a 2,5 litros de suor por hora, e a reposição hídrica dificilmente consegue chegar a 50% desse valor (CODINA, 1993). No caso de desidratações de 1,5% do peso corporal, acredita-se que o desempenho chega a cair aproximadamente 15%.

Consequências da desidratação durante a atividade física

O quadro de desidratação está ligado diretamente à queda do desempenho, sendo considerado um fator limitante da *performance*. São diversos os mecanismos alterados pela desidratação. Dentre eles, podemos destacar: componente cardiovascular, controle térmico corporal, condução nervosa e da contração muscular, implicando diretamente perda da técnica do movimento e, com isso, um gasto energético maior. O conjunto destes elementos, além de reduzir a *performance*, quando não revertido, pode colocar em risco a integridade física do praticante.

Pesquisadores relatam que valores acima de 10% de desidratação do peso corporal expõem os praticantes a um risco para sua integridade física. Na Tabela 5, podemos observar as respostas fisiológicas em relação aos níveis de desidratação. Podemos estabelecer algumas relações entre a perda hídrica e o desempenho: para 1% de desidratação, uma redução significativa no ritmo do exercício, aumento da temperatura corporal interna de 0,1° a 0,4°C e aumento de aproximadamente 6 batimentos por minuto (Bpm).

A queda do rendimento esportivo proveniente da desidratação pode ocorrer de forma isolada ou em conjunto com outros sinais e sintomas, dependendo da resposta de cada atleta. Por isso, é muito importante estarmos atentos a todos os sinais e sintomas durante as provas de longa duração.

7 O PRATO DO CORREDOR

O desempenho esportivo é o resultado de uma combinação perfeita de treinamento, descanso e alimentação. Com o crescente aumento da busca pela qualidade de vida, cada vez mais pessoas aderem à corrida como forma de praticar exercícios para a manutenção da saúde. Porém, muitas desconhecem que os alimentos são energia para o corpo e influenciam diretamente no desempenho esportivo.

Uma alimentação correta é fundamental para assegurar todas as adaptações requeridas pelo corpo durante e após o exercício, otimizando os resultados do treinamento. Dentre os tipos de alimentos (carboidrato, proteínas e gorduras), os carboidratos merecem destaque, pois atuam como combustível energético para o organismo, ajudam a preservar a massa muscular, são otimizadores do metabolismo das gorduras e garantem o bom funcionamento do Sistema Nervoso Central.

Para aqueles que correm em busca de emagrecimento, há a necessidade de um cardápio apropriado e elaborado por um especialista (nutricionista), que vai determinar uma dieta em função do objetivo específico e dos tipos de treino realizados para esse objetivo.

Para a maior parte dos corredores, cerca de 60% das calorias totais da dieta devem ser provenientes dos carboidratos. Já para os treinamentos mais intensos, como treinos de ritmo e intervalado, as necessidades são aumentadas, atingindo cerca de 70% do total.

Uma alimentação pobre em carboidratos afeta diretamente o desempenho e os exercícios máximos e de potência. No caso da corrida, afeta diretamente os treinos de ritmo, intervalados e nas provas de 5 a 10 km.

A alimentação pré-exercício deve ser rica em carboidratos, pobre em fibras e gorduras. Para corridas de até 10 km, não é necessária a reposição de carboidratos. Com o aumento da distância, o estoque de glicogênio muscular, principal reserva energética, é depletado e, neste caso, a reposição é indicada, sendo um fator importante para a qualidade do treino e da *performance*. No pós-treino, a ingestão é fundamental para aperfeiçoar a recuperação e ressíntese do glicogênio muscular. Os carboidratos devem ser ingeridos em doses e quantidades apropriadas e indicadas pelo nutricionista, pois somente ele pode determinar a quantidade e os horários corretos. Essa informação é dependente do tipo de treino (ritmo, longo, intervalado, estabilidade) e da intensidade (leve, moderado, forte). Para uma ótima *performance* nos treinamentos e nas competições, devemos planejá-los de forma coerente com as metas estabelecidas, quantificar as cargas de forma segura e eficiente para a *performance* e não nos esquecermos da alimentação, que deve ser orientada em função dos objetivos e do treinamento.

8 DICAS DE TREINAMENTO

Para aqueles que querem não apenas chegar e sim chegar bem na prova, é importante saber como conseguir isso. Aqui vão algumas dicas para ajudar no dia a dia de treinamento, mas lembre-se: sem treino não há melhora; descansar é tão importante quanto treinar; tenha uma rotina de treinos bem definida; sem planejamento, é praticamente impossível fazer acontecer; e não se esqueça de que saco vazio não para em pé, ou seja, a alimentação é muito importante para otimizar a sua *performance*.

Dia ou noite

O principal inimigo da corrida durante o **dia** é o sol, pois a termorregulação acontece de maneira mais lenta no organismo, o que pode levar ao aumento mais rápido da temperatura corporal interna (hipertermia). Com o aumento da temperatura corporal interna, as enzimas atuam de maneira debilitada, acarretando um atraso no metabolismo e, com isso, diminuição da potência de trabalho.

Para evitar esse quadro, é importante a hidratação adequada antes, durante e após o treinamento. Lembre-se de que o treinamento prolongado sob exposição ao sol pode acarretar um quadro de insolação, em que os sintomas são: falta de ar, dor de cabeça, náusea, tonturas, pele quente e avermelhada. Para a corrida diurna, é adequado usar boné, óculos de sol e roupas claras que não absorvam as luzes do sol.

Durante a **noite**, embora não tenha sol, há a poluição, pois, nos grandes centros urbanos, a concentração de gases como o monóxido de carbono é muito maior à noite. Portanto, evite a prática durante os horários de pico da poluição nos grandes centros urbanos, que é das 18 às 20 horas.

Outro fator importante que não deve ser desconsiderado pelo praticante é a segurança. Durante a noite, redobre a atenção sobre os veículos, sempre prefira correr na pista contrária ao fluxo de veículos e utilize roupas claras ou, de preferência, com acessórios reflexivos. Em função da pouca luz e das sombras provocadas durante a noite, alguns buracos e desníveis podem ficar camuflados. Por isso, fique atento ao piso.

Na esteira

O treinamento *indoor*, na esteira rolante, é indicado tanto para o corredor iniciante como para os mais experientes. A esteira faz com que o deslocamento vertical seja maior, enquanto o treinamento *outdoor* (na rua) proporciona um esforço maior, pois o atleta tem que fazer o deslocamento vertical e horizontal e ainda vencer a resistência do vento e, dependendo do tipo de terreno, o esforço é maior.

É comum os atletas fazerem treinos longos em esteiras, pois esse equipamento ajuda a preservar a integridade física do atleta, uma vez que os treinos longos na rua são extremamente exaustivos para as articulações e tendões. Porém, é imprescindível que o atleta realize pelo menos 90% do treinamento no ambiente específico da prova, ou seja, na rua.

A maioria das esteiras tem recursos de amortecimento. Porém, há uma em que esse recurso funciona de forma diferente, ou melhor, inteligente. A E750 da *Movement* tem um sistema de impacto chamado de *Shock Absorber Control*. Esse recurso permite que o corredor possa correr com um piso apropriado para o seu peso.

Na teoria, a corrida fica mais confortável neste tipo de esteira. Porém, na prática, observamos uma corrida mais eficiente, pois a resposta da passada e o tempo de apoio do pé são melhores que em qualquer outra esteira. Isso permite reduzir um dos maiores pontos negativos de correr em esteiras, quando o corredor "trava" no equipamento, o que causa desmotivação.

- **Vantagens da corrida *indoor*:**
  - não tem a resistência do vento, deixando o exercício mais confortável;
  - o equipamento oferece um sistema de amortecimento, diminuindo o risco de lesões por impacto;
  - a máquina tem recursos para controlar velocidade, distância e inclinação;
  - as esteiras geralmente estão localizadas de frente para o espelho, o que permite a correção da postura durante o treinamento;
  - é mais fácil para o professor fazer os ajustes adequados com relação à postura e observar o comportamento das variáveis fisiológicas como frequência cardíaca e pressão arterial;
  - não sofre interferência climática como a chuva e o frio.

- **Desvantagens da corrida *indoor*:**
  - não prepara para as competições;
  - no início (iniciantes), o medo de desequilibrar e cair pode provocar tensão e dores;
  - em ambientes fechados e não aclimatados adequadamente, a desidratação é maior;
  - o desgaste é menor do que na rua, o que significa menor gasto energético;
  - na esteira, sua corrida fica travada, ou seja, você não consegue desenvolver um ritmo como na rua.

Para os corredores que visam ao emagrecimento ou ao condicionamento, é uma boa opção, pois une o funcional ao agradável.

Em algumas academias, existem as aulas de corrida *indoor* ou *running indoor*, embaladas por músicas, com o ritmo da aula orientado pelo professor. Ele orienta os alunos quanto à velocidade, inclinação e metodologia, para que a aula se torne motivante. A aula simula trechos de subida, tiros de velocidades e os famosos "longões". Além das vantagens da esteira, há ainda a figura do professor, que é fundamental para o seu desenvolvimento de forma segura e eficiente.

Aquecimento

O aquecimento ou preparo é um elemento obrigatório no treinamento e nas competições. Sua principal função é proporcionar o aumento da temperatura corporal interna, o que permite o aumento da eficiência motora em função de uma melhor ação da coordenação intramuscular e intermuscular, diminuição da resistência vascular periférica (RVP) e aumento do metabolismo do tecido.

Na prática, podemos constatar que o aumento de apenas 1 grau na temperatura do músculo proporciona um aumento da potência da contração muscular em 4%. O aumento de 3 graus na temperatura causa uma melhora na eficiência da resposta em aproximadamente 20% e uma otimização na reposta força-velocidade em até 40%.

A eficiência do aquecimento depende do tipo de atividade realizada, do estado funcional do corredor e do nível de condicionamento.

Estrutura do preparo

- **Preparo geral** – duração de 5 minutos. Aqui são utilizados exercícios de forma geral.

  Exemplo de rotina de preparo geral:
  - *Dribling* estático:
    2 × 30 segundos a 1 minuto (Figura 2.3);
  - Flexão de quadril:
    2 × 10 movimentos para cada perna (Figura 2.4);
  - Avião:
    2 × 20 segundos (Figura 2.5);
  - Agachamento:
    2 × 12 repetições (Figura 2.6);
  - Passada lateral:
    2 × 10 repetições (Figura 2.7);
  - Samba:
    2 × 30 metros (Figura 2.8);
  - Salto vertical:
    3 × 5 saltos (Figura 2.9).

- **Preparo específico** – duração de 5 a 30 minutos, tempo determinado pelo nível de condicionamento do corredor. Aqui, são utilizados os educativos e tiros curtos de velocidade. Na corrida de rua, a parte específica do preparo é basicamente uma alternância entre a intensidade dos exercícios e alguns tipos de educativos.

Exemplo de rotina de preparo específico:
- Sequência de educativos que podem variar de 2 a 4 séries e de 30 a 50 metros de distâncias com combinações de educativos.
- Tiros de 30 (iniciantes) a 50 (intermediários e avançados) metros com intervalo de 1 minuto, sendo 2 séries e, no máximo, 3 para avançados.

Figura 2.3 – *Dribling* estático. Aqui, observamos o movimento sendo executado com sobrecarga de um equipamento preso na altura dos joelhos (*Fitness stride*).

Figura 2.4 – Flexão de quadril. Os movimentos dos braços devem ser coordenados com os movimentos das pernas.

Figura 2.5 – Avião estático.

Figura 2.6A – Agachamento, posição inicial, visão frontal.

Figura 2.6B – Agachamento, posição final, visão frontal.

Figura 2.6C – Agachamento, posição final, visão lateral.

Figura 2.7A – Passada lateral, posição inicial.

Figura 2.7B – Passada lateral, posição final.

Figura 2.8A – Exercício samba, posição inicial.

Figura 2.8B – Exercício samba, posição de transição 1.

Figura 2.8C – Exercício samba, posição final.

Figura 2.8D – Exercício samba, posição de transição 2.

Figura 2.8E – Exercício samba, posição final.

Figura 2.9 – Salto vertical.

Volta à calma

A volta à calma, ou regeneração, como chamamos, tem como objetivo o inverso do preparo, isto é, fazer com que o organismo volte de maneira gradativa ao metabolismo de repouso.

O corredor vai, aos poucos, diminuindo a intensidade da corrida até chegar a uma velocidade que possa caminhar. Com isso, a velocidade da caminhada diminui até que o atleta pare. Após esse processo, podemos utilizar os exercícios de alongamento e relaxamento para complementar.

As rotinas de exercícios são apresentadas na sessão de treinamento de flexibilidade do corredor.

9 TURBINE A SUA CORRIDA

Treinamento de força para corredores

Que ninguém mais duvida que o treinamento de força auxilia na *performance* do corredor, já é um fato. Entretanto, há ainda aqueles que, por cultura ou falta de informação, não aderiram ao treinamento de força como treinamento complementar para o corredor.

Os benefícios não são poucos para os corredores que fazem o treinamento de força. Dentre eles, podemos destacar a menor incidência de lesões, otimização da *performance* e redução de tempo de recuperação pós-treino. Lembrando sempre que o treinamento de força, para nós corredores, é um treinamento complementar e deve ajudar a corrida e não atrapalhá-la. Em outras palavras, o treinamento de força deve ser voltado para aperfeiçoar a corrida e não para atrapalhar na *performance*.

Então, fica aquela pergunta no ar: como seria o treinamento de força para otimizar minha corrida? Aqui vão algumas dicas: primeiro, temos de ter em mente o plano de treinamento de nosso aluno ou atleta, pois, em período de base, deve-se treinar mais força, e, em período específico, mais potência, para otimizar a *performance*. Evitar prescrever os treinos de força pura antes de treinos longos, na fase de bases, e de potência, antes dos treinos de ritmo na fase específica.

De maneira geral, devemos procurar **evitar** cometer alguns erros: não dar prioridade aos membros inferiores; não treinar os membros superiores; não realizar os exercícios explorando a amplitude máxima de movimento; não treinar o *core*, tanto de forma estática como dinâmica; usar mais máquinas do que peso livre; treinar sentando em vez de treinar em pé; não treinar exercícios com a execução unilateral ou alternada.

É preferível trabalhar no ambiente *outdoor*. Há uma regra de priorizar os exercícios dinâmicos, dividindo-os em dois tipos de exercícios de força, como treinamento complementar para alguns corredores, sendo eles: **Básicos**, melhoram a postura, coordenação, eficiência mecânica na corrida e utilizam os músculos que atuam na corrida; **Específicos**, exercícios que estimulam de forma semelhante os músculos durante a corrida e geram potência no movimento.

- **Rotina para iniciantes
  (2 × na semana):**
  - Agachamento:
    2 a 3 séries de 12 movimentos (Figura 2.10);
  - Avanço:
    2 a 3 séries de 14 movimentos (Figura 2.11);
  - Extensão de quadril:
    3 séries com 12 movimentos (Figura 2.12);
  - Salto Vertical:
    3 séries com 8 saltos (Figura 2.13).

- **Rotina para intermediários e avançados
  (2 × na semana):**
  - Avanço em deslocamento:
    3 séries de 14 movimentos (Figura 2.11);
  - Avanço com *Jump*:
    3 séries de 5 movimentos (Figura 2.15);
  - Salto vertical unipodal:
    3 séries de 5 movimentos (Figura 2.16);
  - Extensão de quadril:
    3 séries com 12 movimentos (Figura 2.12);
  - Salto Vertical:
    3 séries com 8 saltos (Figura 2.13).

Figura 2.10A – Agachamento, posição inicial.

Figura 2.10B – Agachamento, posição final.

Figura 2.11A – Avanço, posição inicial.

Figura 2.11B – Avanço, posição final.

Figura 2.11C – Variação do movimento – avanço com rotação de tronco.

Figura 2.12A – Extensão de quadril, posição inicial.

Figura 2.12B – Extensão de quadril, posição final.

Figura 2.13 – Salto vertical.

Figura 2.14A – Agachamento com *jump*, posição inicial.

Figura 2.14B – Agachamento com *jump*, posição transitória.

Figura 2.14C – Agachamento com *jump*, posição final.

Figura 2.15 – Salto vertical unipodal.

Figura 2.16 – Agachamento unipodal.

Treinamento funcional aplicado aos corredores

O **treinamento funcional**, como conhecemos atualmente, foi difundido nos EUA, mas é muito mais antigo, pois já na Grécia antiga se utilizavam os princípios dele. Com o avanço da tecnologia e o desenvolvimento de equipamentos e assessórios, ele voltou com força na década de 1990, fazendo uma verdadeira revolução no treinamento como o conhecíamos. Não trouxe novos conceitos, mas novas ferramentas para otimizar a *performance* dos nossos alunos ou atletas de forma eficiente e segura.

Ao utilizar aparelhos alternativos e tradicionais de musculação, o treinamento funcional exige dos músculos não só força, mas eficiência mecânica durante a ação. Os exercícios funcionais são realizados com o peso do próprio corpo, elásticos, pesos livres, plataformas com base instável ou reduzidas, dentre outros. O importante é fazer com que o exercício utilize, para sua execução, vários planos e eixos do corpo, resgatando sua funcionalidade natural, deixando-o saudável e bem condicionado.

O treinamento funcional tem por objetivo otimizar a funcionalidade de movimentos ou atividades específicas, possibilitando ao praticante uma execução mais eficiente dos movimentos e ajudando na prevenção de lesões.

O movimento não acontece a partir de uma ação isolada de um grupo muscular ou articulação(ões), mas de uma interação de vários músculos e articulações que estabilizam e produzem movimento. Os exercícios funcionais exigem contração e sincronização de vários grupos musculares por meio de vários planos de movimento, por vezes em um ambiente não estabilizado e, consequentemente, exigindo força, equilíbrio, coordenação e flexibilidade para a execução do movimento de forma correta.

Durante a execução do exercício, ocorre a contração muscular, que gera tensão muscular. Por sua vez, esta causa deslocamento no centro de massa do corpo. A partir desse ponto, podem-se tomar dois caminhos distintos: (1) ocorre instabilidade do corpo e, em seguida, o movimento é realizado de forma incorreta ou, até mesmo, pode ocorrer queda; (2) ocorre contração de outros músculos, permitindo a manutenção da postura, o que possibilita a execução perfeita do movimento com mais potência, força e/ou flexibilidade.

O programa de treinamento funcional deve ter variação progressiva, seguindo uma progressão pedagógica: dos exercícios não específicos para os específicos; de baixa para alta dificuldade; de baixa para alta intensidade; de alto para baixo volume.

O treinamento funcional traz vários benefícios, dentre eles: melhora da postura; diminuição da incidência de lesão; melhora no desempenho atlético; aumento na eficiência dos movimentos; melhora no equilíbrio estático e dinâmico; melhora na força, coordenação motora, resistência aeróbia e anaeróbia; e melhora na flexibilidade.

Mostraremos a seguir alguns exercícios de pranchas, base de todo o treinamento funcional, e um exercício de equilíbrio.

- **Rotina:**
  - Prancha ventral:
    3 séries de 20 a 30 segundos (Figura 2.17);
  - Prancha Lateral:
    3 séries de 20 a 30 segundos (Figura 2.18);
  - Prancha Dorsal:
    3 séries de 20 a 30 segundos (Figura 2.19);
  - Ponte:
    3 séries com 20 segundos (Figura 2.20);
  - Equilíbrio unipodal:
    2 séries de 1 minuto (Figura 2.21).

Figura 2.17A – Prancha ventral.

Figura 2.17B – Prancha ventral, variação do movimento com maior grau de dificuldade.

Figura 2.18 – Prancha lateral.

Figura 2.19 – Prancha dorsal.

Figura 2.20A – Ponte, posição inicial.

Figura 2.20B – Ponte, posição intermediária.

Figura 2.20C – Ponte, posição final.

Figura 2.21 – Equilíbrio unipodal.

Treinamento de flexibilidade do corredor

Flexibilidade é a capacidade física responsável pela amplitude do movimento em determinada articulação ou conjunto de articulações. A flexibilidade, como a força, a resistência e a velocidade, estão presentes na corrida. É uma capacidade física de importância prioritária para a corrida, que pode acabar acarretando um treinamento influenciado mais por mitos do que por bases científicas.

A corrida, assim como outros esportes, exige a utilização da amplitude de movimento para a execução do gesto desportivo, sendo extremamente difícil uma execução perfeita do gesto esportivo sem um bom nível de flexibilidade. Níveis exagerados de flexibilidade não melhoram a *performance*. Ao contrário, podem favorecer uma lesão nos músculos ou ligamentos. É muito importante que o treinador conheça bem a modalidade corrida, os aspectos fisiológicos e metodológicos do treinamento e a individualidade biológica de cada corredor.

Desenvolver a flexibilidade é uma necessidade básica para qualquer modalidade, pois ela possibilita a melhora na qualidade do movimento. Os diferentes níveis de intensidade utilizados no treinamento proporcionarão respostas distintas. Quando utilizamos uma intensidade submáxima, obtemos uma resposta de otimização na utilização da amplitude do movimento e, quando utilizamos um estímulo máximo, aumentamos a amplitude do movimento.

O fator determinante na escolha do método de treinamento de flexibilidade será a necessidade do aumento desta. Outro fator que irá ajudar na escolha do método é o momento em que se encontra o corredor na periodização.

Na sessão de treino, devemos aumentar a amplitude do trabalho do corredor de 15% a 20% a mais do seu limite fisiológico, para que ele possa ter melhor eficiência mecânica do movimento. Nos últimos 10% a 20% do arco articular, encontramos a zona de alta resistência (ZAR). Nesta zona, a realização do movimento tem maior gasto energético.

O treinador prescreverá os movimentos, métodos e a amplitude adequada para cada uma das articulações. Com isso, o treinamento aperfeiçoará o desempenho do corredor de forma global com suas outras capacidades físicas.

Após o treino, faça pelo menos uma série de cada exercício de alongamento descrito abaixo, explorando até o seu limite fisiológico, ponto em que surgirá um incômodo. Sustente essa posição por 10 segundos.

- **Rotina de alongamento**

Figura 2.22 – Alongamento do músculo quadríceps.

Figura 2.23 – Alongamento dos extensores do tronco.

Figura 2.24 – Alongamento dos músculos adutores + extensores do quadril.

Figura 2.25 – Alongamento dos músculos isquiotibiais + adutores.

Figura 2.26 – Alongamento dos músculos dorsais.

Figura 2.27 – Alongamento dos músculos do glúteo.

Figura 2.28 – Alongamento dos músculos abdominais + peitorais.

Figura 2.29 – Alongamento dos músculos dorsais do tornozelo.

Figura 2.30 – Alongamento do músculo tríceps sural.

10 O TREINAMENTO TÉCNICO (EXERCÍCIOS EDUCATIVOS)

Os exercícios educativos melhoram a coordenação, o equilíbrio e a postura do corredor. Geram melhor eficiência mecânica, evitando uma fadiga precoce, diminuindo a incidência de lesões e fazendo com que a corrida fique cada vez mais rápida. São a base do treino e podem ser incluídos como forma de aquecimento.

Os educativos mais comuns são: Anfersen, Dribling, Skipping e o Hopserlauf. O Hop é uma variação do Hopserlauf muito importante para corredores intermediários e avançados. Os educativos devem ser feitos antes do treino específico, a corrida propriamente dita. Para iniciantes, deslocamentos de 30 metros, de três a quatro vezes por educativo e, para intermediários e avançados, distância de 50 metros, e de três a cinco vezes por educativo.

- **Anfersen (elevação do calcanhar)** – elevação do calcanhar em direção aos glúteos. No momento em que o calcanhar tocar o glúteo, o joelho deve estar apontando para o solo. Fortalece os músculos posteriores da coxa, alonga o quadríceps e melhora a coordenação (Figura 2.31).

- *Dribling* **(elevação curta do joelho)** – corrida rápida com amplitude da passada curta. Uma perna semiflexionada, com o joelho formando um ângulo de 35° e a ponta do pé apontando para o solo, a outra perna estendida com o calcanhar apoiado no solo. Otimiza a coordenação do complexo pé-tornozelo (Figura 2.32).

- *Skipping* **alto (elevação dos joelhos)** – alterne os joelhos até formar um ângulo de 90° com o tronco. O pé deve subir na linha da perna com a ponta do pé apontando para o solo. Fortalece os músculos da coxa, trabalha a impulsão das pernas, melhora a coordenação e aperfeiçoa a frequência e a amplitude da passada (Figura 2.33).

- **Hopserlauf** – como se fosse uma caminhada em um ritmo um pouco mais rápido, a perna estendida dá impulso à frente, dando a impressão de um salto, enquanto a outra perna é elevada, semiflexionada em um ângulo de 90°, com a ponta do pé em direção ao solo. Melhora a coordenação motora, a amplitude da passada e potência (Figura 2.34). Variação do movimento – **hop**: basta incluir o deslocamento frontal, além do vertical. Além da coordenação e amplitude da passada, ele otimiza a potência do Hopserlauf (Figura 2.35).

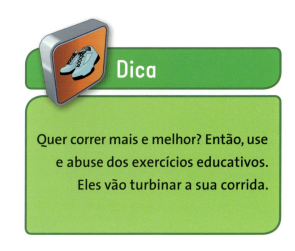

Dica

Quer correr mais e melhor? Então, use e abuse dos exercícios educativos. Eles vão turbinar a sua corrida.

- **Exercícios educativos**

Figura 2.31 – Educativo Anfersen.

Figura 2.32 – Educativo *Dribling*.

Figura 2.33 – Educativo *Skipping*.

Figura 2.34 – Educativo Hopserlauf.

Figura 2.35 – Educativo *Hop*.

11 TREINAMENTO EM ALTITUDE

Para melhor entendimento dos termos "pressão atmosférica" ou "pressão barométrica", é necessário que se saiba que esses termos são utilizados para a soma das pressões parciais de vários gases (nitrogênio, oxigênio, vapor de água, dióxido de carbono e gases inertes). Na altitude, há uma queda na pressão barométrica e, consequentemente, uma diminuição na pressão parcial de oxigênio.

As modificações na pressão de oxigênio no meio ambiente (e em vários componentes do corpo) são conhecidas como "Cascata de Transporte de Oxigênio". À medida que se reduz a pressão de O_2, o organismo encontra maiores dificuldades para conseguir oxigênio necessário para o seu metabolismo. Esse fenômeno é conhecido como Hipóxia.

Particularidades da altitude

- A partir de 1.500 m de altitude, a P_{O_2} ambiental começa a diminuir significativamente;
- Com a diminuição da P_{O_2} inspirada, há uma queda da P_{O_2} alveolar. Com isso, a saturação do O_2 com a hemoglobina também cai, e continua caindo à medida que a altitude aumenta;
- Com a diminuição da P_{O_2} no transporte de O_2, ocorrem alterações no desempenho físico.

Hipóxia

- Diminuição da quantidade de O_2 distribuído aos tecidos pelo sangue.
- Ocorrem alterações em todos os níveis de transporte de O_2.
- São quatro os fatores influenciadores da afinidade entre o O_2 e a Hb (pH, CO_2, temperatura e fosfato orgânico): a queda do pH diminui a afinidade do O_2; o aumento do CO_2 e a combinação da Hb + CO_2 diminui a afinidade com o O_2; o aumento da temperatura diminui a afinidade com o O_2; e os fosfatos orgânicos (2,3-DPG) diminuem a afinidade com o O_2.

Desempenho nos exercícios aeróbios

Em 1968, no México (2.300 m), o desempenho precário de alguns atletas durante a olimpíada foi atribuído aos efeitos da altitude.

O $VO_{2máx.}$ é reduzido de 3% a 3,5% a cada 300 m, a partir dos 1.500 m. Para suprir o menor transporte, o organismo se adapta no curto prazo (aclimação) e no longo prazo (aclimatação).

As adaptações resultantes da hipóxia no organismo são buscadas por atletas de alto rendimento para otimizar a *performance*. Com isso, desenvolveu-se o treinamento em altitude (TA).

Permanência por períodos de tempo em altitude acima de 2.000 m

O período de adaptação para uma altitude de 1.500 metros é de 7 dias. Nesse período, não se devem realizar atividades físicas de moderadas e fortes.

Nas altitudes de até 1.200 metros, não ocorre fenômenos de adaptação muito importantes. A partir de 1.500 metros torna-se necessário um período de adaptação, sendo os primeiros dias os mais difíceis, principalmente o segundo, o terceiro e o quarto dias.

Em teoria, esse procedimento induzirá a adaptações que, no nível do mar, elevarão o desempenho. Em 1975, o pesquisador Adams realizou o seguinte experimento:

- Grupo 1 – morou e treinou por 3 semanas no nível do mar e mais 3 semanas em altitude.
- Grupo 2 – o inverso
  - VO_2 máximo – avaliado (pré e pós)
  - Redução de 17,4% do VO_2 máximo, quando exposto à altitude.
- Grupo 1 – redução de 2,8% do VO_2 máximo
- Grupo 2 – sem alterações

Explicação: possível redução na intensidade do treinamento.

Outros estudos também relataram uma queda na *performance* em altitude e ao retornarem ao nível do mar.

Alguns pesquisadores parecem ter encontrado uma estratégia para conciliar os possíveis efeitos benéficos da altitude com a alta intensidade nos treinamentos. A estratégia ficou conhecida como morar alto e treinar baixo. Os indivíduos moravam acima de 1.500m e treinavam abaixo de 1.500m.

Todos os estudos obtiveram respostas significativamente maiores e confirmaram que a estratégia de morar alto e treinar baixo é uma boa ferramenta para aumentar a *performance* em esportes com predominância do componente aeróbio.

12 TÊNIS

Os tênis são o principal equipamento para a prática da corrida de rua. Atualmente, existe uma ampla variedade de marcas, modelos e *designs*. *Performance*, conforto e proteção são características importantes em um tênis. Alguns prometem melhorar o rendimento e minimizar as lesões.

Os tênis têm duas funções específicas: proteger o aparelho locomotor (controle da sobrecarga e estabilização da articulação) e otimizar o rendimento (retorno de energia acumulada e diminuição do gasto energético).

A corrida é considerada uma atividade de alto impacto, pois pode exercer forças de 2 a 3 vezes o peso corporal a cada passada. Com o aumento da velocidade, as forças de impacto aumentam, podendo gerar fadiga precoce e deficiência na mecânica do movimento, causando maior gasto energético. Com perda da eficiência mecânica, a capacidade de estabilização do aparelho locomotor passivo diminui nas articulações, proporcionando aumento das transmissões de força de baixo para cima e gerando as lesões por sobrecarga.

Quando o pé toca o solo, produz uma vibração conhecida como "ondas de choque", que são transmitidas do pé para todo o corpo. A intensidade das "ondas de choque" acarretam lesões por sobrecarga na corrida. A melhor absorção das ondas de choque se deve a uma série de fatores, como: mecânica eficiente da corrida, fortalecimento do complexo pé-tornozelo, fortalecimento dos músculos estabilizadores da articulação do joelho e adaptação do aparelho locomotor ativo e passivo ao treinamento.

Os tênis têm se mostrado eficiente para otimizar a estabilização do complexo pé-tornozelo, o que proporciona melhor eficiência mecânica, pois a movimentação excessiva aumenta a sobrecarga na estruturas, aumentando o risco de lesões.

Estudos demonstram que calçados com alturas de calcanhar extremas diminuem a estabilidade do complexo pé-tornozelo, aumentando o esforço dos ligamentos. Os tênis de corrida chegam a reduzir aproximadamente 40% das ondas de choque, quando comparadas ao caminhar com os pés descalços. Os solados mais macios proporcionam maior amortecimento, embora também proporcionem maior instabilidade nas articulações, o que pode gerar uma fadiga precoce ou uma lesão na articulação em indivíduos que não dominam a técnica da corrida.

Alguns equipamentos prometem melhor proteção, maior conforto e até aumento do rendimento, mas a escolha dos tênis corretos depende de uma série de fatores que levam em consideração individualidade biológica, nível de condicionamento e tipo de prova.

As categorias dos tênis de corrida

Os tênis de corrida são divididos em quatro categorias: controle de movimento, estabilidade, amortecimento e *performance*. Por meio do descritivo abaixo, você poderá encontrar o modelo indicado para a sua corrida.

- **Controle de movimento** – são os mais rígidos e orientados para controlar a pronação excessiva. Geralmente são mais pesados, porém muito duráveis, e têm solado plano para oferecer maior estabilidade e suporte. Você deve preferir esse tipo de tênis caso tenha um grau de pronação muito acentuado, ou seja, um corredor iniciante, que não saiba ainda a mecânica da corrida. Corredores com pé chato geralmente se dão bem com esse tipo de tênis.

- **Estabilidade** – com solado semicurvo, oferece boa combinação de amortecimento, suporte e durabilidade. Você deve preferir esse tipo de tênis caso seja um corredor com peso médio, que não tenha problemas severos de controle de movimento do pé (superpronação) e queira tênis com algum suporte e boa durabilidade. Modelos indicados: tênis Puma Faas 350 e Faas 800.

- **Amortecimento** – com uma sola mais macia, maior amortecimento e menor suporte. Usualmente, são construídos com solado curvo ou semicurvo, para estimular o movimento do pé. Você deve preferir esse tipo de tênis se for um corredor que não precise de um suporte extra nem tenha um grau excessivo de pronação. Modelo de tênis: Pumas Faas 900, para provas de 21 a 42 km.

- *Performance* – construídos com solado curvo ou semicurvo, esse tipo de tênis é leve e geralmente utilizado em competições ou treinos em ritmo rápido. Alguns têm uma excelente estabilidade. Você deve ter um tênis desse tipo se for um corredor rápido e eficiente ou queira um segundo par de tênis para treinos em ritmo rápido. Modelo: Puma Faas 300, para provas ou treinos de até 10 km; Puma Faas 500 e 550, para provas ou treinos de 10 a 21 km.

Dica

A escolha dos tênis corretos requer conhecimento sobre seu condicionamento, tipo de pisada e objetivos de treino. Por isso, peça sempre ajuda ao seu treinador para que a sua compra seja a mais correta possível.

Que fatores considerar na escolha dos tênis de corrida?

O tipo de pisada é sem dúvida o mais importante dos fatores a considerar. Porém, outros fatores, como nível de condicionamento, categoria dos tênis, peso dos tênis e custo-benefício são fatores determinantes para uma boa compra do seu companheiro de treinos.

- **Parte do pé que pisa** – o biomecânico Peter Cavangh, para surpresa geral, constatou que a força aplicada na parte frontal do pé, ao tirá-lo do chão, supera muito a do impacto ao pisar no calcanhar. Preste atenção também para o fato de que muito amortecimento compromete a capacidade do tênis de estabilizar o alinhamento e os movimentos das articulações dos pés e pernas.

- **Grau de Pronação** – pronação é quando o corredor pisa com a parte de fora do pé, e, então, rola-o para dentro, absorvendo o impacto. Essa característica é fortemente determinada pelo tipo de pé.

Tipo de pé

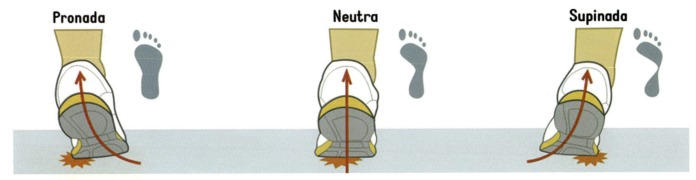

Figura 2.36 – Tipos de pisada.

Pé plano (pisada pronada)
O pé toca o solo com maior parte do apoio na parte de dentro do pé, gerando uma rotação do pé para gerar impulso. Tende a ter um grau excessivo de pronação que pode levar a vários tipos de lesões.

Pé normal (pisada neutra)
O pé toca o solo, apoiando o lado externo do calcanhar com leve indicação para a parte de dentro do pé, e segue em linha reta até a ponta. Um pé normal tem um grau leve de pronação para absorver o impacto.

Pé com arco elevado ou pé cavo (pisada supinada)
O pé toca o solo com mais evidência na parte externa e continua o movimento com a parte externa, gerando impulso com a parte mais de fora. Geralmente, não tem um grau de pronação suficiente para absorção efetiva de impacto.

- **Formato do pé** – o formato dos pé varia não só em comprimento, mas em largura e forma. Da mesma forma, há vários formatos de tênis (mais largos na parte lateral, largos na parte frontal).

- **Peso do corredor** – tênis de corredores pesados tendem a durar menos. Dessa forma, eles devem procurar os tênis mais duráveis da categoria indicada para o seu estilo de corrida. Para corredores grandes, tênis com sola de poliuretano (mais pesado, mas resistente) em vez de EVA são indicados.

- **Nível de condicionamento** – o ritmo e o grau de condicionamento também afetam a seleção dos tênis. Quanto mais devagar, maior deve ser a base do suporte; quanto mais rápido, menor a base.

Corredores iniciantes devem ter tênis com amortecimento e controle para ajudá-los na adaptação ao novo esporte. Esse tipo de corredor também tende a ter uma frequência menor de passadas, o que gera maior impacto a cada passada. A dica é ficar de olho na ficha técnica dos tênis. A seguir, algumas fichas para saber o que procurar e como procurar.

Tênis

- **Modelo – Puma Faas 300**

  ↘ Categoria – *Performance*
  ↘ Arco do pé – Médio
  ↘ Condição física – Intermediário/avançado
  ↘ Descritivo – O Faas 300, com apenas 215 gramas, é para corredor com pisada neutra. Com a tecnologia BioRide, possui um sistema que reforça o ritmo natural de corrida e aumenta a velocidade, com menor esforço na passada, ótimo amortecimento e resposta, além da estabilidade conseguida pelas ranhuras estrategicamente posicionadas no solado.

- **Modelo – Puma Faas 350**

  ↘ Categoria – Estabilidade
  ↘ Arco do pé – Baixo
  ↘ Condição física – Intermediário/avançado
  ↘ Descritivo – O modelo Faas 350 pesa 240 gramas e tem um perfil mais baixo e indicado para o treino diário e provas para corredores pronadores, já que emprega alta estabilidade e leveza. Com a tecnologia BioRide, possui um sistema que reforça o ritmo natural de corrida e aumenta a velocidade, com menor esforço na passada, ótimo amortecimento e resposta,

além da estabilidade das ranhuras estrategicamente posicionadas no solado. Conta com malha superior de camurça sintética. O EverRide e o EverTrack, na sola exterior, aumentam o amortecimento e a durabilidade exatamente onde é preciso, enquanto a palmilha OrthoLite proporciona maior ventilação.

- **Modelo – Puma Faas 500**

- ↘ Categoria – *Performance*
- ↘ Arco do pé – Médio
- ↘ Condição física – Iniciante/intermediário/avançado
- ↘ Descritivo – O Faas 500 é indicado para treino diário, para corredores com pisada neutra e superleve, pois pesa 281 gramas. Possui tecnologia BioRide, um sistema que reforça o ritmo natural de corrida e aumenta a velocidade, com menor esforço na passada. Ótimo amortecimento e resposta, além da estabilidade das ranhuras estrategicamente posicionadas no solado.

- **Modelo – Puma Faas 550**

- ↘ Categoria – *Performance*
- ↘ Arco do pé – Médio
- ↘ Condição física – Intermediário/avançado
- ↘ Descritivo – O Faas 550 é um tênis que conta com tudo o que é necessário para reforçar o treino diário, pesando 294 gramas e com tecnologia BioRide. Proporciona menor esforço na passada, ótimo amortecimento e resposta, além da estabilidade das ranhuras estrategicamente posicionadas no solado.

- Modelo – Puma Faas 800

- ↘ Categoria – Estabilidade
- ↘ Arco do pé – Baixo
- ↘ Condição física – Iniciante/intermediário/avançado
- ↘ Descritivo – O Faas 800, com seus 309 gramas, é indicado para o dia a dia, e para provas longas, para os corredores pronadores, pois oferece suporte extra. Tecnologia BioRide, um sistema que reforça o ritmo natural de corrida e aumenta a velocidade, com menor esforço na passada, ótimo amortecimento e resposta, além da estabilidade das ranhuras estrategicamente posicionadas no solado.

- Modelo – Puma Faas 900

- ↘ Categoria – Amortecimento
- ↘ Arco do pé – Médio
- ↘ Condição física – Iniciante/intermediário/avançado
- ↘ Descritivo – O Faas 900 é o tênis de maior amortecimento da linha PUMA Faas. A tecnologia BioRide reforça o ritmo da corrida e aumenta a velocidade, com menor esforço na passada, ótimo amortecimento e resposta, além da estabilidade conseguida pelas ranhuras estrategicamente posicionadas no solado. Seu peso é de 295 gramas e é indicado também para corredores iniciantes.

13 MEIAS DE COMPRESSÃO

Já faz algum tempo que se observa o uso crescente das meias de compressão por corredores durante a corrida. Esse assunto chamou muito a atenção, pois, em pesquisas específicas, perguntava-se sobre o que os corredores sentiam quando corriam com a meia: todos eram unânimes em dizer que se sentiam melhor com o uso da meia durante os treinos, mas não sabiam dizer o porquê.

As meias foram desenvolvidas para ajudar a reduzir a sensação de cansaço após provas ou treinos longos, diminuindo o risco de lesões. A função de barreira elástica das meias aperfeiçoa o retorno venoso da região da panturrilha; a pressão é graduada e vai do tornozelo até a outra extremidade da tíbia, bem abaixo do joelho. Mas no que isso pode ajudar efetivamente durante o treino?

Foi somente depois que comecei a treinar Marcio Kroehn, nosso aluno na Assessoria, que eu realmente comecei a ficar interessado, pois ele sempre corria com uma meia de compressão. Então, pesquisei em artigos científicos* sobre o assunto e, depois, fiz algumas perguntas-chave ao meu aluno após os treinos. Então, pude levantar algumas hipóteses sobre os benefícios das meias durante o treino. Após essa fase, pesquisei no portfólio das meias o que elas prometem fazer para cruzar com minhas informações preliminares.

Pronto. Achei uma marca de meia que se encaixava no que eu estava observando. Procurava algo sobre o desempenho durante o exercício, não somente pelo efeito hemodinâmico causado pela compressão da meia; uma meia que pudesse ajudar na hemodinâmica durante os treinos em provas longas e apresentasse outros benefícios nas provas curtas ou nos treinos de ritmo com característica de mais intensidade.

Foi justamente na meia *CEP Running* que achei esse benefício específico. Então, fui para a parte experimental da pesquisa: de posse de um par de meias, coloquei minhas hipóteses em teste, fazendo o que chamamos de estudo de caso. Rodei 15 dias com a meia *CEP*, entre treinos longos e curtos de ritmo, e pude constatar na prática que:

- Sua construção tem uma característica peculiar que ajuda na resposta do complexo pé-tornozelo durante a corrida, o que proporciona aumento da velocidade. Com isso, nos treinos de ritmo, consegui uma velocidade significativamente maior, com menos 4 segundos no *pace*, o que corresponde a um aumento de 3% na minha *performance*;
- Nos treinos longos, não senti diferença **durante** os treinos, mas **após** estes. O uso das meias durante a sessão me possibilitou uma recuperação mais rápida da musculatura.

Com tudo isso, para melhorar minha *performance*, acabei achando mais um parceiro inseparável nos meus treinos diários: meu par de meias de compressão (Figura 2.37).

Figura 2.37 – Meia *CEP Runinng*.

---

* Bochmann et al. J. Appl. Physiol., 2005.
  Kemmler et al. J. Strength. Cond. Res., 2009.

14 AVALIAÇÃO FÍSICA

A avaliação física deve ser realizada antes de se iniciar qualquer programa de treinamento, exercícios físicos e de reabilitação. Os objetivos dos testes são fornecer informações para programa, monitorar o programa para avaliar a evolução, motivar a partir dos resultados e determinar metas razoáveis e alcançáveis de estratificação dos riscos.

Estratificação de risco

Durante o exame clínico que antecede o teste de esforço, é realizada a estratificação de risco, em que se determina necessidade ou não da supervisão médica e também se estima o risco de submeter o avaliado a um esforço máximo ou submáximo.

- **Contraindicações relativas à prática de exercício físico:**
  - PA diastólica em repouso > 115 mmHg ou PA sistólica em repouso > 200 mmHg;
  - Doença cardíaca valvular moderada;
  - Marcapasso de ritmo fixo;
  - Aneurisma ventricular;
  - Doença metabólica não controlada (Diabetes Mellitus);
  - Doença infecciosa crônica;
  - Desordens neuromusculares;
  - Anormalidades eletrolíticas conhecidas;
  - Gravidez avançada ou com complicações.

- **Contraindicações absolutas à prática de exercício físico:**
  - Alterações significativas do ECG, que sugerem um IM;
  - Complicações recentes de IM;
  - Angina instável;
  - Arritmia ventricular não controlada;
  - Arritmia atrial não controlada, comprometendo a função cardíaca;
  - Bloqueio AV de 3º grau sem marcapasso;
  - Insuficiência cardíaca congestiva aguda;
  - Estenose aórtica severa;
  - Aneurisma dissecante conhecido ou suspeitado;
  - Miocardite ou pericardite ativa ou suspeitada;
  - Tromboflebite ou trombos intracardíacos;
  - Embolia pulmonar ou sistêmica recente;
  - Infecção aguda;
  - Estresse emocional significativo.

- **Critérios de interrupção do teste de esforço:**
  - O avaliado pede para encerrar o teste;
  - FC-alvo atingida;
  - Limitações físicas (exaustão);
  - Náusea e vômito;
  - Claudicação introduzida pelo exercício;
  - Palidez intensa;
  - PAS > 250 mmHg;
  - PAD > 120 mmHg em normotensos;
  - PAD > 140 mmHg em hipertensos;

- ⭨ Dispneia severa e desproporcional à intensidade do exercício;
- ⭨ Desconforto musculoesquelético intenso;
- ⭨ Taquicardia ventricular;
- ⭨ Redução da FC e PA com o aumento do esforço;
- ⭨ Instabilidade emocional;
- ⭨ Perda da qualidade do exercício;
- ⭨ Falha dos equipamentos;
- ⭨ Aumento progressivo na duração QRS;
- ⭨ Fibrilação ou taquicardia atrial;
- ⭨ Aumento do grau de bloqueio A-V, de 2º e 3º graus;
- ⭨ Manifestações clínicas de desconforto torácico com aumento da carga, que se associa a alterações do ECG ou outros sintomas.

- **Para a realização do teste, o avaliado deve seguir algumas normas, para minimizar quaisquer riscos:**
  - ⭨ Trazer, caso possua, um ECG de repouso, recente;
  - ⭨ Ter uma noite repousante e evitar atividade física intensa no dia que antecede ao teste;
  - ⭨ Evitar fumar nas 4 horas que antecedem ao teste;
  - ⭨ Intervalo mínimo de 2 horas entre o teste e a última refeição;
  - ⭨ Comunicar qualquer tipo de alteração no estado de saúde nas 24 horas que antecedem ao teste.

Testes aeróbios

- **TESTE DE CAMINHADA DE 3 KM**

Consiste em caminhar, em um plano horizontal, uma distância de 3 km. Registra-se o tempo total da caminhada em minutos. O resultado é expresso em ml · kg^{-1} · min^{-1}.

$$VO_2\,máx. = 0{,}35 \times V^2 + 7{,}4$$

Em que:
V = velocidade média em km/h;
t = tempo, em minutos, do percurso.

$$V = \frac{\left(\dfrac{3000}{t} \times 60\right)}{1000}$$

- **TESTE DE *COOPER* – 12 MINUTOS**

Consiste em percorrer a maior distância possível em 12 minutos de corrida (preferencialmente) e/ou caminhada.

O resultado é obtido da distância percorrida anotada e, a partir dela, da estimativa do consumo de oxigênio.

$$VO_2\,máx. = \frac{D\,(m) - 504}{45}$$

Em que:
D = distância percorrida em metros;
VO$_2$ expresso em ml · kg^{-1} · min^{-1}.

- **Teste de 1.000 metros**

O teste consiste em percorrer, correndo, uma distância de 1.000 metros, no menor tempo possível.

O resultado é o tempo da distância percorrida em minutos, transformada em segundos. A partir do tempo é realizada a estimativa do consumo de oxigênio.

$$VO_2 \text{ máx.} = \frac{D(m) - 652,17 - T}{6,762}$$

Em que:
T = tempo em segundos;
VO_2 expresso em ml · kg^{-1} · min^{-1}.

Observações: O avaliado deve continuar caminhando progressivamente até parar, por 3 a 5 minutos após o encerramento do teste. O local ideal para a realização do teste seria a pista de atletismo, mas outros locais, como quadra de esportes, parques ou trechos com distâncias conhecidas, geralmente são usados como alternativa. Locais com terrenos planos são os preferidos.

> Os testes de condicionamento são importantes para medir seu nível de condicionamento físico e para ter uma referência para o início do programa de treinamento.

- **Teste de 2.400 metros**

O teste consiste em percorrer correndo (preferencialmente) e/ou caminhando uma distância de 2.400 metros, no menor tempo possível.

O resultado é o tempo da distância percorrida, em minutos, transformada em segundos. A partir do tempo, é realizada a estimativa do consumo de oxigênio.

$$VO_2 \text{ máx.} = \frac{D(m) \times 60 \times 0,2 + 3,5}{T}$$

Em que:
D = distância em metros;
T = tempo em segundos;
VO_2 expresso em ml · kg^{-1} · min^{-1}.

Observações: O avaliado deve continuar caminhando progressivamente até parar, por 3 a 5 minutos, após o encerramento do teste. O local ideal para a realização do teste é a pista de atletismo, mas outros locais, como quadras de esportes, parques ou trechos com distâncias conhecidas, podem ser usados como alternativa. Os locais com terrenos planos são preferidos.

- **Teste dos 5 minutos**

Consiste em percorrer a distância máxima possível em 5 minutos de corrida contínua. Registra-se a distância percorrida no final do tempo. O resultado é expresso em ml · kg^{-1} · min^{-1}.

$$VO_2 \text{ máx.} = 340,6 - 34,14 \times V + 1,01 \times V^2$$

Em que:
V = velocidade em km/h.

Classificação do condicionamento físico, segundo idade, sexo e nível de condicionamento

Classificação do condicionamento físico (VO$_2$ máximo) para **homens sedentários** (VO$_2$ expresso em ml · kg^{-1} · min^{-1})

Idade (anos)	Muito fraco	Fraco	Regular	Bom	Excelente
20-29	< 36	36-42	43-45	46-49	> 49
30-39	< 34	34-38	39-41	42-45	> 45
40-49	< 30	30-33	34-35	36-39	> 39
50-59	< 27	27-31	32-34	35-38	> 38

Classificação do condicionamento físico (VO$_2$ máximo) para **mulheres sedentárias** (VO$_2$ expresso em ml · kg^{-1} · min^{-1})

Idade (anos)	Muito fraco	Fraco	Regular	Bom	Excelente
20-29	< 30	30-34	35-36	37-41	> 41
30-39	< 29	29-33	34-35	36-38	> 38
40-59	< 25	25-29	30-32	33-34	> 34

Classificação do condicionamento físico (VO$_2$ máximo) para **homens atletas** (VO$_2$ expresso em ml · kg^{-1} · min^{-1})

Idade (anos)	Muito fraco	Fraco	Regular	Bom	Excelente
20-29	< 53	53-56	57-61	62-66	> 66
30-39	< 50	50-54	55-58	59-61	> 61
40-49	< 49	49-53	54-55	56-59	> 59
50-59	< 44	44-48	49-53	54-56	> 56

Classificação do condicionamento físico (VO$_2$ máximo) para **mulheres atletas** (VO$_2$ expresso em ml · kg^{-1} · min^{-1})

Idade (anos)	Muito fraco	Fraco	Regular	Bom	Excelente
20-29	< 43	43-48	49-51	52-54	> 54
30-39	< 45	45-49	50-51	52-56	> 56
40-59	< 39	39-42	43-46	47-49	> 49

CAPÍTULO 3
CRUZANDO A LINHA DE CHEGADA

Cruzar a linha de chegada é muito mais do que superação e resultado de todo um trabalho, em que corredor e treinador caminharam e correram juntos para atingir essa meta. Reflete todo o conhecimento científico aplicado ao treinamento associado à perseverança e à atitude dos atletas.

1 OS 10 ERROS MAIS COMUNS DURANTE UMA PROVA

Nos muitos anos dedicados ao treinamento de corrida, posso afirmar que esses são os erros mais comuns durante uma prova, não só pelos corredores iniciantes, mas também pelos mais experientes. Minha opinião sobre os erros é de que, na preparação, seja do atleta ou do corredor amador, faltou um treinamento específico e a orientação de um especialista. Deixo aqui meu recado: se correr é uma sensação incrível de liberdade e prazer, experimente correr sob a orientação de um profissional e você certamente irá mais longe e mais rápido do que jamais imaginou.

1. Não fazer um aquecimento adequado

O aquecimento vai deixar o organismo mais preparado para o ritmo a ser imposto durante a prova. Podemos dividir o aquecimento em duas partes: a (1) chamada **geral** tem como objetivo tirar o organismo do estado de repouso e é composta por exercício de baixa intensidade.

A (2) chamada **específica** tem como objetivo preparar o organismo para o exercício específico – a corrida – com certo ritmo, e, nesse ponto, é importante fazer corridas curtas com intensidades variadas até chegar bem próximo do ritmo de prova treinado.

2. Começar com um ritmo muito forte

Mesmo com um aquecimento fisiologicamente perfeito, o organismo não irá suportar por muito tempo um começo de prova muito forte, pois ele ainda não se adaptou totalmente ao novo estado de estresse imposto pela prova. Neste caso, recomendamos que aumente gradativamente o ritmo de prova de 5 em 5 minutos ou de 10 a 15 minutos, entre os iniciantes, até atingir um ritmo confortável.

3. Determinar um ritmo de prova mais alto do que você treina

Não adianta nem tentar, pois, se você não treinou para um determinado ritmo, não é no dia e na prova que você vai tentar impor isso. Só vai levá-lo à fadiga e, posteriormente, ao fim de prova precoce. Na reta final da prova, dê tudo de si ou, como falamos, irá para a morte; mas se lembre de que você está no final da prova.

O correto seria um *sprint* desse tipo a, pelo menos, dois minutos do final da prova, pois, nesse ponto, poderá ir contra a alternância de vias metabólicas para gerar mais energia e terminar a prova. Você deve estar se perguntando por que nos "dois minutos finais", não é mesmo? Bom, porque, depois desse tempo, você estará fadigado pela intensidade alta imposta pelo *sprint* final.

4. Correr em ziguezague ou costurando

Além de ser uma postura inadequada nas provas, só vai trazer um gasto de energia excessivo e o risco de trombar com outro corredor, o que é extremamente constrangedor.

5. Quando pegar água e quando tomar água

Para pegar água e tomá-la existe todo um procedimento para que você não altere muito seu ritmo de prova, como uma parada no Box da Fórmula 1. O ideal é você diminuir a intensidade alguns metros antes do posto de água e manter uma velocidade reduzida até terminar de tomar a água. E só então ir voltando ao seu ritmo de prova.

6. Não tangenciar nas curvas

Voltamos novamente à Fórmula 1. Nas corridas é comum ver os pilotos tangenciarem nas curvas, pois isso diminui a distância do percurso, e, na corrida de rua, vale a mesma regra. Aliás, o percurso é medido dessa forma.

7. Não diminuir o ritmo ao se sentir cansado

Ao primeiro sinal de cansaço (fadiga), o correto é diminuir um pouco o ritmo para que o organismo possa voltar ao *steady-state* (estado de equilíbrio fisiológico durante a prova) o mais rápido possível. Caso contrário, a fadiga chegará em dois ou três minutos e será difícil manter, mesmo um ritmo mais baixo, durante a prova.

8. Não relaxar os ombros e os braços durante a prova

É comum um desconforto muscular nos ombros e braços durante a prova e o ideal é que você, durante a corrida, os solte, mesmo quebrando a mecânica correta da corrida durante alguns segundos. Isso ajudará a relaxar a musculatura contraída nos ombros e braços durante a prova.

9. Alongar-se ao sentir cãibras no meio da prova

Durante a prova, se começar a sentir cãibras, não adianta alongar, isso só vai piorar. O ideal é que você diminua o ritmo, até elas desaparecerem.

10. Parar de imediato ao final da prova

Ao cruzar a linha de chegada, nada de parar e alongar. Diminua o ritmo e faça uma caminhada por mais 5 a 10 minutos para que você possa ter uma diminuição do metabolismo e, com isso, voltar a um estado de repouso, sem muito estresse para o organismo. Depois, faça um alongamento.

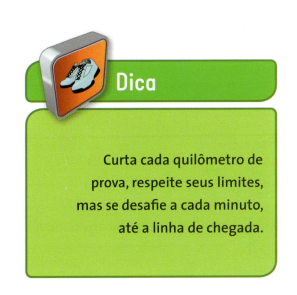

Dica

Curta cada quilômetro de prova, respeite seus limites, mas se desafie a cada minuto, até a linha de chegada.

2 A CORRIDA NATURAL

Corrida natural é o nome dado à corrida sem tênis, ou melhor, com os pés descalços. Tudo começou com uma publicação na revista científica *Nature,* em 2010. Estudo de Daniel Lieberman concluiu que correr descalço provoca menos estresse ao pé do que correr com tênis.

A pergunta é: correr descalço ou correr de forma correta? Será que a corrida natural faz com que o corredor tenha que utilizar a mecânica correta para que possa correr sem nenhum tipo de dor?

Daniel Lieberman observou que, durante a corrida sem tênis, as pessoas tendem a tocar o solo com a parte do meio do pé enquanto as pessoas que correm com tênis tocam o solo primeiro com o calcanhar. Tocar o solo com o calcanhar significa sentir cerca de 7% da massa do corpo sobre o pé, o que é três vezes maior do que o impacto de um corredor descalço.

A corrida e a caminhada são modeladas biomecanicamente por sistemas diferentes. Na corrida modelada pelo *bouncing Ball,* o pé toca o solo com a parte do meio (sistema de molas), e, na caminhada pelo sistema *rolling egg,* o pé toca o solo com a parte do calcanhar (sistema de pêndulo). O sistema bouncing *ball* é caracterizado por grandes trocas de energia cinética e elástica dos músculos e tendões. Já no sistema *rolling egg*, a troca de energia ocorre de forma mais suave.

Em um dado momento, o corredor deixa de caminhar e passa a correr em razão do aumento da frequência da passada. Nesse momento, o pé não consegue permanecer em contato com o solo, caracterizando a fase aérea e, consequentemente, a corrida.

Um grande erro é achar que a corrida é uma caminhada com velocidade maior e, nesse ponto, correr descalço e correr calçado pode fazer a diferença. Se o corredor continuar a correr pelo sistema *rolling egg*, sofrerá um impacto grande no tornozelo, e isso gerará dor durante a corrida. Para continuar correndo sem dor, ele mudará a mecânica da corrida para o sistema *bouncing ball*.

Na verdade, não precisamos falar em correr descalço para observar esse fato. Basta utilizar tênis *race* ou *performance*, mais leves e utilizados por profissionais. Se a mecânica de sua passada não for correta, você sentirá também o impacto de correr de forma errada.

Outro grande erro que agrava muito a mecânica da corrida é a escolha de tênis inadequados para o corredor. Exemplo: o corredor iniciante tende a pensar que os melhores tênis seriam os com mais amortecimento para ele e isso é errado, pois essa atitude irá levá-lo a manter uma corrida com o sistema da caminhada.

Os tênis com mais amortecimento são indicados para corredores mais experientes e para treinos longos. Para os iniciantes, o ideal são os tênis da categoria controle do movimento. Por serem mais rígidos, favorecerão ao corredor iniciante correr de forma adequada e com maior estabilidade do complexo pé-tornozelo.

Costuma-se dizer que há uma grande diferença entre correr e sair correndo, e a mecânica é a principal forma de se identificar quem está correndo e quem sai correndo. Correr requer técnica, enquanto sair correndo, não. Eu, particularmente, não recomendo a ninguém correr descalço, mas comprar tênis adequados para o seu tipo de pé, nível de condicionamento e fase de treino em que se encontra.

Para o aprendizado da técnica da corrida, podemos utilizar os exercícios educativos no processo ensino-aprendizagem-treinamento. Os exercícios educativos são imprescindíveis para quem deseja melhorar sua *performance* na corrida.

3 MINHA PRIMEIRA PROVA, OS 5 KM

Essa prova é sem dúvida a porta de entrada para o mundo da corrida. Uma prova rápida, ideal para quem está começando a correr, cujo treinamento não compromete a rotina diária (três treinos na semana é a recomendação).

O começo do treinamento marca o início de outra vida, uma vida mais ativa. Com o aumento do condicionamento físico, você passa a ter mais energia durante todo o dia. O componente cardiorrespiratório tem um aumento significativo a partir da 6ª sessão de treino.

O importante, em qualquer prova, é que você possa curti-la sem sofrer. Algumas pessoas pensam somente em cruzar a linha de chegada. Vou mais além, pois penso também no "durante a prova" e no "após a prova". Para mim, é muito importante, como treinador e corredor, que eu e meus alunos possam correr com segurança durante a prova, que possam curtir cada km de prova e saborear a sensação de superação ao cruzar a linha de chegada. Não se deve esquecer de que o pós-prova deve ser sem traumas ou dores que deixem o corredor impossibilitado de exercer suas funções no dia seguinte.

Em outras palavras, não basta sobreviver a uma prova e, sim, correr com segurança e estratégia, para desfrutar de todos os benefícios do esporte e da competição. Falando em estratégia, qual seria a melhor para cruzar a linha de chegada nos primeiros 5 km da minha vida?

Para traçarmos uma estratégia, é importante saber que existem algumas variáveis, sendo elas: objetivo, nível de condição física, local de prova e condições climáticas.

- **Objetivo** – cruzar a linha de chegada bem e curtir toda a prova;

- **Nível de condição física** – iniciante, prática regular da corrida há 2 meses;

- **Local de Prova** – aqui o importante é saber se é um percurso com subidas, descidas, revelo acidentado, para saber em qual ponto você vai mudar de velocidade;

- **Condições climáticas** – no frio, faça um aquecimento mais demorado. Priorize o aquecimento geral. No calor, faça um aquecimento *express*, com prioridade para os educativos como *skipping* e *hopserlauf*, e a hidratação pré-prova.

Na prática – Utilize na corrida o *pace* médio de seus treinos, ou seja, corra com a velocidade que você está acostumado. Não tente, no dia da corrida, aumentar o seu ritmo. Em caso de subida ou descida, diminua a velocidade até que fique em um ritmo confortável. Se perceber que está ficando cansado, diminua a velocidade até encontrar aquela em que se sinta bem e, ao sentir que ela ficou muito fácil, tente voltar à velocidade de antes.

Para aqueles que já participaram de uma prova de 5 km e desejam melhorar suas marcas, sem mudar a quantidade de treinos na semana, seguem algumas recomendações:
- Incluir o trabalho de força;
- Aperfeiçoar a técnica de corrida;
- Incluir os intervalos de velocidade.

No final deste capítulo, há três planilhas de treinos para os 5 km: a primeira para o corredor iniciante que quer chegar lá; a segunda e a terceira, para melhorar o tempo nos 5 km.

4 MEUS PRIMEIROS 10 KM

De 5 para 10 km é o dobro da distância, mas não é nada difícil. Confesso que vai dar um pouco de medo encarar os primeiros 10 km, porém o treinamento para essa prova já dará tudo o que você precisa para terminá-la bem – confiança e uma dose de audácia.

Uns dos segredos para esse tipo de prova é o aquecimento, pois ele já vai proporcionar condições para se começar bem a prova. Eu, particularmente, divido essa prova em três partes. Os primeiros 4 km e, depois, a cada 3 km. Para o estreante, nos 10 km, a regra é básica: manter um *pace* confortável nos primeiros 4 km; depois, aumentar um pouco nos próximos 3 km e, se estiver bem, aumentar um pouco mais nos 3 km finais. Caso se sinta desconfortável em algum momento, diminua o *pace* até uma velocidade em que se sinta bem.

> Uns dos segredos para esse tipo de prova é o aquecimento, pois ele vai proporcionar condições para se começar bem a prova.

5 A PRIMEIRA MEIA-MARATONA

Agora, o desafio é outro e bem maior. São 21 km pela frente. Para essa prova, o corredor já deve ter uma boa experiência em provas menores e ter corrido pelo menos uma prova de 10 km, antes de partir para os 21 km.

Eu trabalho com uma divisão desproporcional nessa prova, dividida em 3 partes:
- 1ª parte: vai da largada aos 10 km;
- 2ª parte: vai dos 10 km aos 15 km;
- 3ª e última parte: vai dos 15 km até a chegada, os 21 km.

A estratégia para o novato nessa prova é: manter um *pace* confortável na primeira metade da prova, que chamamos de 1ª parte da prova. Na 2ª parte, ir se soltando aos poucos, ou seja, deixar a corrida solta e confortável, porém mais rápida do que a 1ª parte da prova. Por último, na 3ª parte da prova, ir administrando o cansaço e a fadiga nas pernas, de forma que possa manter um ritmo de corrida, sem que tenha que caminhar.

Caso precise caminhar, caminhe, mas tente voltar a correr. A estratégia aqui é fazer o famoso correr e caminhar até a chegada.

6 MINHA PRIMEIRA MARATONA

Enfim, o grande desafio. Segundo Emil Zatopek, a grande locomotiva humana, se você quiser experimentar outra vida, corra uma maratona.

Para correr uma maratona, não basta ter um bom condicionamento, você deve ter também muita perseverança e vontade de chegar lá. Digo, lá na linha de chegada. Nessas provas, as barreiras são fisiológicas, mecânicas e psicológicas.

É a partir do km 20 que começam os incômodos, como: abrasões, bolhas e cãibras. Entre 30 e 35 km, aparece a fadiga cardíaca e as dores musculares associadas a uma atividade central imperiosa e, nesse ponto, o psicológico é fundamental para a conclusão dos 42 km.

Aqui, a estratégia é seguir em ritmo confortável após os 20 km. Não adianta tentar aumentar o ritmo na segunda metade da prova; se não estiver bem, pois você vai acabar quebrando e parando na barreira entre o km 30 e o 35.

7 PLANILHAS DE TREINOS

Não temos a pretensão aqui de apresentar planilhas definitivas de treinamento de corrida, mas de explorar as diversas possibilidades de planificação do treinamento. Abordaremos dois tipos básicos de planilhas: a chamada **superação**, primeira competição nessa distância; e a chamada **evolução**, em que o corredor tentará diminuir sua marca pessoal nessa distância.

As planilhas de treinamento são de fácil interpretação. Basta você identificar qual tipo de planilha irá escolher, e pronto: vamos ao treino. O ideal é que você comece com distâncias menores e vá aumentando gradativamente. Recomendamos aos iniciantes que comecem com a distância de 5 km, com a planilha superação, e, a partir desse ponto, aumentem gradativamente as distâncias. Nessa ordem, planilha superação e, depois, planilha evolução. Após realizar uma planilha evolução, você estará pronto para um próximo desafio, ou melhor, para uma nova prova com uma distância ainda maior.

Temos duas opções de quantificação de cargas, sendo a 1ª com base nas variáveis fisiológicas (FC), e a 2ª com base na variável física (*Pace*). Vamos abordar ambas, porém com ênfase na quantificação pela variável fisiológica, pois a personalização da planilha é realizada pelas estruturas das zonas de treinamento. Sendo esse modelo mais indicado, ele não é mais eficiente do que o modelo pela variável física.

Siglas utilizadas nas planilhas

- Caminhada – **CA**;
- Corrida – **CO**;
- Treinamento Fartleck – **TF**;
- Treino Longo – **TL**;
- Treino de Estabilidade – **TE**;
- Treino Regenerativo – **TR**;
- Treino de Ritmo – **TRT**;
- Treino Intervalado – **TI**;
  [Exemplo: TI (1 CO × 2 CA = 30 min), um minuto de corrida (estímulo) por dois minutos de caminhada (recuperação), totalizando 30 minutos de exercício]
- Trabalho Técnico – **TT**;
- Trabalho Técnico Combinado – **TTC**;
- Treinamento Força/Funcional/Flexibilidade – **T3F**;
- Treinamento Corrida *Indoor* – **TCI**;
- Treinamento Corrida Aquática – **TCA**;
- Recuperação ativa (caminhando ou corrida de baixa velocidade em minutos ou segundos) – **Ra**;
  [Exemplo: Ra5m, trabalho de recuperação ativa por 5 minutos ou Ra30s, trabalho de recuperação ativa por 30 segundos (corrida em baixa velocidade ou caminhada)]
- Recuperação passiva – **Rp**;
  [Exemplo: Rp3m, trabalho de recuperação passiva por 3 minutos ou Rp30s, trabalho de recuperação passiva por 30 segundos (parado em pé ou sentado)]
- Distância de Prova e Ritmo de Prova – **DPRP**;
- Ritmo de Prova – **RP**;
- Dia de descanso – ***Off***.

Classificação das intensidades dos tipos de treinos

Treinamento	Classificação da intensidade	% FC máx.
Regenerativo (Z1)	Leve / moderado	< 74
Condicionamento Aeróbio (Z2)	Moderado / forte	75-84
Condicionamento Misto (AER/ANA) – (Z3)	Forte	85-89
Condicionamento Anaeróbio Lático (Z4)	Muito forte	90-94
Condicionamento Anaeróbio Alático (Z5)	Extremamente forte	> 95

5 km

❶ PRIMEIROS 5 KM EM 30 DIAS

O objetivo principal desse treinamento é fazer com que o(a) corredor(a) possa concluir a prova de 5 km de forma prazerosa e segura e, ao mesmo tempo, motivá-lo a continuar no programa de treinamento. Com três treinos semanais, em quatro semanas você já estará pronto para a primeira prova da sua vida.

- **Planilha de treino: Primeiros 5 km em 30 dias**

	1ª semana	2ª semana	3ª semana	4ª semana
1ª sessão	FT (20 min)	FT (30 min)	TI – 6× (4min Co × 1 min CA)	3 km (Z2)
2ª sessão	FT (30 min)	FT (40 min)	TI – 8× (4min Co × 1 min CA)	4 km (Z1)
3ª sessão	FT (30 min)	FT (40 min)	3 km (Z1)	Prova (5 km)

- **Estratégia de treinamento**
  - ↘ **1ª semana** – Vamos utilizar a metodologia *fartlek**, variando entre caminhadas com corridas de baixa velocidade, de forma que você se sinta confortável com a intensidade do exercício. Tempo total de treino de 20 minutos, no primeiro dia, e 30 minutos nos demais dias.

---

* *Fartlek* – Variação do ritmo de treino, dentro de suas limitações fisiológicas.

↘ **2ª semana** – Ainda com a metodologia *fartlek*, variando entre caminhadas e corridas de baixa velocidade, de forma que você se sinta confortável com a intensidade do treino. Tempo total de treino de 30 minutos, no primeiro dia, e 40 minutos nos demais dias da semana. A dica é tentar ficar mais tempo correndo do que caminhando.

↘ **3ª semana** – Vamos utilizar a metodologia intervalada, trabalhando com a corrida e com a caminhada como forma de regeneração. Também vamos utilizar a metodologia contínuo fixo no último treino da semana e percorrer uma distância de 3 km com velocidade constante.

↘ **4ª semana** – Correr 3 km com uma velocidade um pouco mais forte do que o ritmo confortável. Na segunda sessão, vamos para os 4 km, podendo alternar com caminhadas (a dica aqui é tentar permanecer correndo). E estamos prontos para os primeiros 5 km da nossa nova vida. Lembre-se de que você pode caminhar, caso não consiga manter o ritmo.

OBS.: Os dias em que não ocorre o treinamento são muito importantes para a perfeita regeneração do corredor. Portanto, evite cair na armadilha de treinar mais um pouquinho.

❷ **MELHORANDO O TEMPO NOS 5 KM EM 2 MESES**

Após o primeiro mês de treino, fica mais fácil e mais motivante criar rotinas de treinos mais diversificadas e desafiadoras. Apenas 3 sessões durante a semana são suficientes para aumentar a base de treino e melhorar o tempo nos 5 km. Serão 8 sessões, partindo do princípio de que as sessões de treinos ocorrem às 3ª, 5ª e sábados.

Para uma melhor *performance*, devemos realizar o treinamento complementar, que envolve exercícios de força funcional e flexibilidade. Você não precisa ir até uma academia para realizar esses exercícios. Pode realizá-los ao ar livre e em um momento que precede o treino de corrida; na verdade, como aquecimento, se preferir. Abaixo, algumas rotinas prontas para realizar antes do treinamento de corrida. Elas irão proporcionar ao corredor melhora da força, resistência, estabilidade, postura e técnica da corrida, de forma simples, rápida, eficiente e segura.

- **Aquecimento**
  ↘ Escorpião DD e DV – 2 × para cada lado;
  ↘ Prancha ventral – 2 × 20 segundos;
  ↘ Prancha dorsal – 2 × 20 segundos;
  ↘ Avião – 2 × 10 segundos cada perna;
  ↘ Caminhar rápido com elevação dos braços – 20 metros (ida e volta);
  ↘ Avanço – 2 × 10 metros;
  ↘ Flexão e extensão do quadril – 2 × 10 repetições cada;
  ↘ Frankstein – 2 × 10 repetições cada;
  ↘ Corridas curtas e rápidas de 10 metros – 3 ×.

- **Educativos**
  ↘ Rotinas de *dribling* – 2 × 30 metros;
  ↘ Rotinas de *skipping* alto – 2 × 30 metros;
  ↘ Rotinas de *anfersen* – 2 × 30 metros.

- Planilha de treino: 5 km, em 2 meses

	3ª	5ª	Sábado
1ª semana	3 km (Z2)	3 km (Z2)	5 km (Z1)
2ª semana	3 km (Z2)	3 km (Z2)	7 km (Z1)
3ª semana	2 km (Z3)	4 km (Z2)	7 km (Z1)
4ª semana	2 km (Z3)	4 km (Z2)	8 km (Z1)
5ª semana	3 km (Z3)	4 km (Z2)	8 km (Z1)
6ª semana	3 km (Z3)	6 × 500 m (Z3) Ra 5 min	8 km (Z1)
7ª semana	3 km (Z3)	5 × 500 m (Z3) Ra 3 min	5 km (Z2)
8ª semana	3 km (Z3)	3 km (Z2)	5 km (domingo)

Após o treino, faça um alongamento geral, utilizando nossa sequência no Anexo 4. Durante o alongamento, explore o limite da sua articulação; permaneça por 10 segundos em cada posição.

❸ **ACELERANDO NOS 5 KM EM 2 MESES**

Agora, o desafio é outro. Acelerar nos 5 km e, para isso, vamos utilizar uma estratégia que priorizará os treinos de ritmo ou, se preferir, em Z3. Também vamos explorar os intervalados para aumentar a resistência ao lactato, com a mesma estrutura de treinos, ou seja, 3 sessões durante a semana, às 3ª, 5ª e sábados, totalizando 8 semanas de treino.

Além dos exercícios (aquecimento e educativos) utilizados na planilha anterior, também vamos utilizar exercícios pliométricos para aperfeiçoar a potência dos corredores e, com isso, fazer com que eles corram mais rápido.

- **Aquecimento (Incluir)**
  ↘ Agachamentos com salto – 2 × 10 saltos;
  ↘ Agachamentos com salto, alternando as pernas – 2 × 8 saltos.

- **Educativos (Incluir)**
  ↘ Rotinas de *hopserlauf* – 2 × 30 metros.

Dica

Explore os educativos, pois eles vão ajudá-lo a correr mais rápido. Os exercícios de força o ajudarão a ter mais força e a desenvolver melhor a velocidade da sua corrida.

- **Planilha de treino: Acelerando nos 5 km**

	3ª	5ª	Sábado
1ª semana	3 km (Z2)	5 km (Z2)	8 km (Z1)
2ª semana	3 km (Z2)	6 km (Z2)	8 km (Z1)
3ª semana	3 km (Z3)	6 km (Z2)	10 km (Z1)
4ª semana	3 km (Z3)	6 km (Z2)	10 km (Z1)
5ª semana	5 × 1.000 m (Z3) Ra 5 min	5 × 1.000 m (Z3) Ra 5 min	12 km (Z1/Z2)*
6ª semana	3 km (Z3)	6 × 500 m (Z3) Ra 3 min	12 km (Z1/Z2)*
7ª semana	5 × 400 m (Z3) RPM 2 min	5 × 400 m (Z3) RPM 2 min	8 km (Z2)
8ª semana	3 km (Z3)	3 km (Z2)	5 km (domingo)

* Aqui a intensidade do treino deve estar mais próxima da Z2.

Após o treino, faça um alongamento geral com os mesmos exercícios da planilha anterior.

10 km

CORRENDO A 1ª PROVA DE 10 KM

Os 10 km são a prova mais populosa do circuito de corridas, pois é a distância preferida dos corredores. Dizemos que essa prova serve de acesso à meia-maratona e à maratona. Particularmente, essa prova não requer muita técnica, mas é nítido quando um corredor corre com técnica, pois ele se destaca muito em relação aos que não têm técnica de corrida.

Treinando 3 vezes por semana, utilizaremos a mesma estrutura de treino, e, no treino longo (TL), iremos trabalhar com distância progressiva, iniciando em 8 km até chegar a 12 km. No treino de estabilidade (TE), iremos trabalhar com 7 km; nos treinos de ritmo (TRT), 5 km, e nos treinos intervalados com Ra, para otimizar a remoção do ácido lático, lembrando que o corredor já passou pela planilha a evolução nos 5 km. O tempo mínimo necessário para uma preparação adequada para essa prova é de 12 semanas.

Dica

Inclua na sua rotina de treino os intervalados, com recuperação ativa e passiva.

- **Planilha de treino: Primeiros 10 km, em 3 meses**

Dia Semana	2ª	3ª	4ª	5ª	6ª	Sábado	Domingo
1ª	off	5 km (Z2/Z3)	off	7 km (Z2)	off	8 km (Z1)	off
2ª	off	5 km (Z2/Z3)	off	7 km (Z2)	off	8 km (Z1)	off
3ª	off	5 km (Z2/Z3)	off	7 km (Z2)	off	10 km (Z1)	off
4ª	off	5 km (Z2/Z3)	off	7 km (Z2)	off	10 km (Z1)	off
5ª	off	5 km (Z2/Z3)	off	TI – 8 × 500 m (Z3) Ra 5 min	off	10 km (Z1)	off
6ª	off	5 km (Z2/Z3)	off	TI – 8 × 500 m (Z3) Ra 5 min	off	12 km (Z1)	off
7ª	off	5 km (Z2/Z3)	off	TI – 8 × 500 m (Z3) Ra 5 min	off	12 km (Z1)	off
8ª	off	5 km (Z3)	off	TI – 6 × 500 m (Z4) Ra 5 min	off	12 km (Z1)	off
9ª	off	5 km (Z3)	off	TI – 15 × 200 m (Z4) Rp 5 min	off	12 km (Z1)	off
10ª	off	5 km (Z3)	off	TI – 15 × 200 m (Z4) Rp 5 min	off	10 km (Z1/Z2)	off
11ª	off	5 km (Z3)	off	TI – 15 × 200 m (Z4) Rp 4 min	off	10 km (Z1/Z2)	off
12ª	off	5 km (Z2/Z3)	off	5 km (Z1)	off	off	Competição 10 km

- **Aquecimento**
  - Escorpião DD e DV – 2 × para cada lado;
  - Prancha ventral – 2 × 20 segundos;
  - Prancha dorsal – 2 × 20 segundos;
  - Avião – 2 × 10 segundos cada perna;
  - Caminhada rápida com elevação dos braços – 20 metros (ida e volta);
  - Avanço – 2 × 10 metros;
  - Flexão e extensão do quadril – 2 × 10 repetições cada;
  - *Frankstein* – 2 × 10 repetições cada;
  - Agachamentos com salto – 2 × 10 saltos;
  - Agachamentos com salto, alternando as pernas – 2 × 8 saltos;
  - Corridas curtas e rápidas de 10 metros – 3 ×.

- **Educativos**
  - Rotinas de *dribling* – 2 × 50 metros;
  - Rotinas de *skipping* alto – 2 × 50 metros;
  - Rotinas de *anfersen* – 2 × 50 metros;
  - Rotinas de *hopserlauf* – 2 × 30 metros;
  - Rotinas de *hop* – 2 × 30 metros.

- **Regeneração**
  - Alongamento geral, 10 segundos em cada posição, executando essa rotina duas vezes (Anexo).

❷ REDUZINDO MEU TEMPO NOS DE 10 KM

Nosso desafio agora é reduzir o tempo nos 10 km. Nessa planilha, vamos trabalhar com *paces*-alvo para os treinos. Logo, partiremos do princípio que o tempo da prova de 10 km foi de 86 min, ou 1h25mi00seg, que corresponde a 8,3 minutos por quilômetro ou 7 km/h aproximadamente. Nossa meta será concluir a prova em 1h15min00seg, que corresponde a 7,3 minutos por quilômetro ou 8 km/h.

A estrutura de treinamento será a mesma, porém com distância progressiva nos TL. Vamos incluir o DPRP no final de cada mês para obter um dado real da condição do corredor e do impacto do mesoclico (mês de treino). Um segundo diferencial dessa planilha é que vamos adotar *paces* médios de treino, que constarão na planilha e serão expressos em m/km, correspondendo a minutos por quilômetro.

O aquecimento, os educativos e a regeneração podem ser os mesmos da planilha anterior. Nos treinos intervalados, devemos aumentar a carga de educativos, podendo chegar a 3 séries para cada educativo.

- **Planilha de treino: Acelerando nos 10 km em 3 meses**

Dia / Semana	2ª	3ª	4ª	5ª	6ª	Sábado	Domingo
1ª	off	5 km (7 m/km)	off	8 km (8 m/km)	off	10 km (8 m/km)	off
2ª	off	5 km (7 m/km)	off	8 km (8 m/km)	off	10 km (8 m/km)	off
3ª	off	5 km (6,45 m/km)	off	8 km (8 m/km)	off	12 km (8 m/km)	off
4ª	off	5 km (6,45 m/km)	off	6 km (8 m/km)	off	10 km DPRP	off
5ª	off	5 km (6,40 m/km)	off	8 km (7,45 m/km)	off	12 km (8 m/km)	off
6ª	off	5 km (6,40 m/km)	off	8 km (7,45 m/km)	off	12 km (8 m/km)	off
7ª	off	5 km (6,30 m/km)	off	TI – 10 × 500 m (Z3) Ra 5 m	off	14 km (8 m/km)	off
8ª	off	5 km (6,30 m/km)	off	TI – 10 × 500 m (Z3) Ra 5 m	off	10 km DPRP	off

Dia \ Semana	2ª	3ª	4ª	5ª	6ª	Sábado	Domingo
9ª	off	5 km (6,30 m/km)	off	8 km (7,40 m/km)	off	14 km (8 m/km)	off
10ª	off	TI – 8 × 500 m (Z3) Ra 5 m	off	TI – 10 × 400 m (Z4/Z3) Rp 5 m	off	14 km (8 m/km)	off
11ª	off	5 km (6,30 m/km)	off	TI – 10 × 400 m (Z4/Z3) Rp 5 m	off	TI – 10 × 200 m (Z4) Rp 5 m	off
12ª	off	TI – 10 × 200 m (Z4) Rp 5 m	off	4 km (7 m/km)	off	off	Competição 10 km

10 milhas

❶ A 1ª PROVA DE 10 MILHAS (16 KM)

Uma prova não muito comum no circuito, porém muito importante para aqueles que desejam passar para um nível mais avançado; no caso, a meia-maratona e a maratona. Aqui utilizaremos a mesma estratégia da 1ª prova de 10 km, ou seja, vamos priorizar a distância, porém sem negligenciar o ritmo.

A partir desse ponto, os TL ficam realmente longos e passam a tomar um tempo significativo dos corredores. Nos treinos longos, o aquecimento deve ser mais curto e os educativos devem ser realizados em sequências rápidas, tendo uma duração de, no máximo, 10 minutos. Em dias de TL, podemos seguir a rotina descrita abaixo para aquecimento e educativos. Para os outros dias de treinos, podemos adotar a rotina da planilha de 10 km.

- **Aquecimento**
  - Escorpião DD e DV – 2 × para cada lado;
  - Avião – 2 × 10 segundos para cada perna;
  - Caminhada rápida, com elevação dos braços – 20 metros (ida e volta);
  - Avanço – 2 × 10 metros;
  - *Frankstein* – 2 × 10 repetições cada;
  - Agachamentos, com salto – 2 × 10 saltos;
  - Corrida curtas e rápidas de 10 metros – 3 ×.

- **Educativos**
  - Rotinas de *skipping* alto - 2 × 50 metros;
  - Rotinas de *hopserlauf* - 2 × 30 metros;
  - Rotinas de *hop* - 2 × 30 metros.

- **Regeneração**
  - Alongamento geral, 10 segundos em cada posição executando essa rotina duas vezes (Anexo).

- **Planilha de treino: 10 milhas, em 3 meses**

Dia Semana	2ª	3ª	4ª	5ª	6ª	Sábado	Domingo
1ª	off	8 km (Z2)	off	12 km (Z1/Z2)	off	12 km (Z1)	off
2ª	off	8 km (Z2/Z3)	off	12 km (Z1/Z2)	off	12 km (Z1)	off
3ª	off	8 km (Z2)	off	12 km (Z1/Z2)	off	14 km (Z1)	off
4ª	off	8 km (Z2/Z3)	off	12 km (Z1/Z2)	off	14 km (Z1)	off
5ª	off	8 km (Z2)	off	TI – 10 × 500 m (Z3) Ra 5 m	off	16 km (Z1)	off
6ª	off	8 km (Z2/Z3)	off	12 km (Z1/Z2)	off	16 km (Z1)	off
7ª	off	8 km (Z2)	off	TI – 10 × 500 m (Z3) Ra 5 m	off	18 km (Z1)	off
8ª	off	8 km (Z2/Z3)	off	12 km (Z1/Z2)	off	18 km (Z1)	off
9ª	off	8 km (Z2)	off	TI – 10 × 500 m (Z3) Ra 5 m	off	20 km (Z1)	off
10ª	off	8 km (Z2/Z3)	off	TI – 10 × 400 m (Z4) Rp 5 m	off	20 km (Z1)	off
11ª	off	8 km (Z2)	off	TI – 10 × 400 m (Z4) Rp 5 m	off	16 km (Z1/Z2)	off
12ª	off	8 km (Z2/Z3)	off	5 km (Z2)	off	off	Competição 10 milhas

❷ REDUZINDO MEU TEMPO NAS 10 MILHAS

Mais difíceis e desafiadoras são as características das sessões de treinos a partir daqui. Começam a exigir não só dedicação aos treinos, mas uma recuperação, uma alimentação e toda uma mudança de comportamento. A grande mudança para essa planilha será a inclusão de um treino extra, durante a semana ocasionalmente, e os DPRP, no final do 1º e do 2º mês.

Dica

A prova de 10 milhas é a porta de entrada para a meia-maratona. Portanto, é uma prova em que temos de investir muito na distância, durante o período inicial de treinamento, e no ritmo, no último mês de treino.

- **Planilha de treino: Reduzindo o tempo nas 10 milhas, em 3 meses**

Dia Semana	2ª	3ª	4ª	5ª	6ª	Sábado	Domingo
1ª	off	8 km (Z2)	off	12 km (Z1/Z2)	off	20 km (Z1)	off
2ª	off	8 km (Z3)	off	12 km (Z1/Z2)	off	20 km (Z1)	off
3ª	off	8 km (Z2)	TI – 10 × 500 m (Z3) Ra 5 m	TI – 10 × 500 m (Z3) Ra 5 m	off	20 km (Z1)	off
4ª	off	8 km (Z3)	off	12 km (Z1/Z2)	off	16 km (DPRP)	off
5ª	off	8 km (Z2)	TI – 10 × 500 m (Z3) Ra 5 m	TI – 10 × 500 m (Z3) Ra 5 m	off	20 km (Z1)	off
6ª	off	8 km (Z3)	off	12 km (Z1/Z2)	off	20 km (Z1)	off
7ª	off	8 km (Z2)	TI – 10 × 500 m (Z3) Ra 5 m	TI – 10 × 500 m (Z3) Ra 5 m	off	20 km (Z1)	off
8ª	off	8 km (Z3)	off	12 km (Z1/Z2)	off	16 km (DPRP)	off
9ª	off	8 km (Z2)	TI – 10 × 400 m (Z3) Rp 5 m	TI – 10 × 400 m (Z3) Rp 5 m	off	20 km (Z1)	off
10ª	off	8 km (Z3)	off	TI – 10 × 400 m (Z4) Rp 5 m	off	20 km (Z1)	off
11ª	off	8 km (Z2)	TI – 10 × 400 m (Z4) Rp 5 m	TI – 10 × 400 m (Z4) Rp 5 m	off	10 km (Z2/Z3)	off
12ª	off	8 km (Z2)	off	5 km (Z2)	off	off	Competição 10 milhas

21 km

1ª MEIA-MARATONA (21 KM)

Essa prova serve de preparação para a maratona. Podemos afirmar que, nessa prova, o corredor é testado para seu próximo desafio, os 42 km. Das 10 milhas para os 21 km, são apenas 5 km a mais a percorrer. Porém, fazem uma grande diferença, tanto no treinamento como no dia da prova.

Como é a 1ª maratona, o nosso objetivo com essa planilha é a superação da distância. Outra realidade para grande parte dos corredores é o tempo disponível para a prática da corrida. Por este motivo, abordaremos uma planilha para uma frequência semanal de três vezes por semana. Porém, os treinos longos ficarão cada vez mais longos.

O que favorece nosso corredor, quando ele chegar nesse ponto, é o seu lastro de treinamento, ou melhor, o tempo que já está em treinamento e a experiência em outras quilometragens e provas com distâncias menores. Em outras palavras, não dá para começar a correr e já encarar uma meia-maratona.

As rotinas de aquecimento, educativos e de regeneração estão descritas a seguir:

- **Aquecimento**
  - Escorpião DD e DV – 2 × para cada lado;
  - Avião – 2 × 10 segundos cada perna;
  - Caminhada rápida, com elevação dos braços – 20 metros (ida e volta);
  - Avanço – 2 × 10 metros;
  - *Frankstein* – 2 × 10 repetições cada;
  - Agachamentos com salto – 2 × 10 saltos;
  - Corrida curtas e rápidas de 10 metros – 3 ×.

- **Educativos**
  - Rotinas de *skipping* alto – 2 × 50 metros;
  - Rotinas de *hopserlauf* – 2 × 30 metros;
  - Rotinas de *hop* – 2 × 30 metros.

- **Regeneração**
  - Alongamento geral, 10 segundos em cada posição, executando essa rotina duas vezes (Anexo).

- **Planilha de treino: Primeiros 21 km, em 3 meses**

Dia / Semana	2ª	3ª	4ª	5ª	6ª	Sábado	Domingo
1ª	*off*	10 km (Z2)	*off*	15 km (Z1/Z2)	*off*	20 km (Z1)	*off*
2ª	*off*	10 km (Z2/Z3)	*off*	15 km (Z1/Z2)	*off*	20 km (Z1)	*off*
3ª	*off*	10 km (Z2)	*off*	15 km (Z1)	*off*	23 km (Z1)	*off*
4ª	*off*	10 km (Z2/Z3)	*off*	15 km (Z1/Z2)	*off*	23 km (Z1)	*off*
5ª	*off*	10 km (Z2)	*off*	15 km (Z1)	*off*	25 km (Z1)	*off*
6ª	*off*	10 km (Z2/Z3)	*off*	15 km (Z1/Z2)	*off*	25 km (Z1)	*off*
7ª	*off*	10 km (Z2)	*off*	15 km (Z1)	*off*	28 km (Z1)	*off*
8ª	*off*	10 km (Z3)	*off*	15 km (Z1)	*off*	28 km (Z1)	*off*
9ª	*off*	10 km (Z2)	*off*	15 km (Z2)	*off*	21 km (Z1/Z2)	*off*

Dia\Semana	2ª	3ª	4ª	5ª	6ª	Sábado	Domingo
10ª	off	10 km (Z3)	off	15 km (Z1/Z2)	off	28 km (Z1)	off
11ª	off	10 km (Z2/Z3)	off	10 km (Z1/Z2)	off	21 km (Z1)	off
12ª	off	5 km (Z2/Z3)	off	5 km (Z2/Z3)	off	off	Competição 21 km

❷ MELHORANDO A MARCA NOS 21 KM

Após os primeiros 21 km, o corredor sente-se pronto para a maratona. Porém, os 42 km da maratona não são fáceis de vencer, e devemos nos preparar muito bem para esse momento. Como parte dessa preparação, temos uma segunda prova de 21 km, sendo nosso objetivo melhorar nossa marca na prova.

Vamos incluir mais uma sessão de treino na semana. No treino longo (TL), vamos trabalhar com a distância de 25 km a 30 km. No treino de estabilidade (TE), trabalharemos com distâncias de 15 km; nos treinos de ritmo (TRT), distâncias de 10 km, e nos treinos regenerativos (TR), distâncias de 7 km. O volume de treinamento será reduzido para otimizar a *performance* do aluno/atleta.

Dias de treinos: 3ª, 4ª, 5ª e sábado, e iremos trabalhar com o treino longo no sábado, como de costume e, durante a semana, treinos mais curtos para melhorar a *performance*.

- **Planilha de treino: Acelerando nos 21 km, em 3 meses**

Dia\Semana	2ª	3ª	4ª	5ª	6ª	Sábado	Domingo
1ª	off	10 km (Z3)	7 km (Z2)	15 km (Z2)	off	25 km (Z1)	off
2ª	off	10 km (Z3)	7 km (Z2)	15 km (Z2)	off	25 km (Z1)	off
3ª	off	10 km (Z3)	7 km (Z2)	15 km (Z2)	off	25 km (Z1)	off
4ª	off	10 km (Z3)	5 km (Z3)	5 × 1 km (Z3/Z4) Ra 5 min	off	20 km (Z1/Z2)	off
5ª	off	10 km (Z3)	5 × 1 km (Z3/Z4) Ra 5 min	5 × 1 km (Z3/Z4) Ra 5 min	off	25 km (Z1)	off
6ª	off	10 km (Z3)	7 × 1 km (Z3/Z4) Ra 5 min	7 × 1 km (Z3/Z4) Ra 5 min	off	25 km (Z1)	off

Semana\Dia	2ª	3ª	4ª	5ª	6ª	Sábado	Domingo
7ª	off	10 km (Z3)	7×1 km (Z3/Z4) Ra 5 min	7×1 km (Z3/Z4) Ra 4 min	off	25 km (Z1)	off
8ª	off	10 km (Z3)	7×1 km (Z3/Z4) Ra 4 min	7×1 km (Z3/Z4) Ra 4 min	off	20 km	off
9ª	off	10 km (Z3)	10×500 m (Z3/Z4) Rp 3 min	5 km (Z2/Z3)	off	25 km (Z1)	off
10ª	off	10 km (Z3)	10×500 m (Z3/Z4) Rp 3 min	5 km (Z2)	off	25 km (Z1)	off
11ª	off	10 km (Z3)	5 km (Z2)	10×500 m (Z3/Z4) Rp 3 min	off	15 km (Z2/Z3)	off
12ª	off	10×300 m (Z3/Z4) Rp 3 min	5 km (Z2)	10×300 m (Z3/Z4) Rp 3 min	off	off	Competição 10 milhas

---

42 km

❶ MINHA 1ª PROVA DE 42 KM

Treinamos muito até aqui e, agora, partiremos para o grande desafio: completar uma maratona. Como é uma prova extremamente dura para os competidores de primeira viagem, deixamos aqui algumas sugestões e/ou dicas para a 1ª maratona.

Escolha com inteligência a prova, pois qualquer variável pode prejudicar durante a prova. As principais dicas são: provas com percursos planos, clima favorável, ou seja, nada de muito calor ou frio. Não corra sozinho, tenha uma equipe de apoio; trace uma estratégia antes da prova, com o seu treinador, sobre como vai correr km a km.

Partindo do princípio de que você já realizou pelo menos duas meias-maratonas, e seguindo as planilhas anteriores, agora é hora de mais 3 meses rumo aos 42 km, lembrando que nosso objetivo na planilha superação é cruzar da melhor maneira possível a linha de chegada.

O treinamento para uma maratona requer mais dedicação, mais comprometimento e mais tempo de treino também. Com o objetivo de diminuir o tempo das sessões ao longo da semana, serão incorporadas mais sessões de treino. O ideal é que se tenha uma frequência de treinamento entre 4 e 5 vezes por semana.

Iremos adotar o treino regenerativo (TR) com uma distância de 5 km. Os treinos longos (TL) terão distâncias progressivas, começando pelos 28 km e chegando aos 35 km; TRT com 15 km e TE com distâncias que podem variar de 20 a 25 km.

- **Planilha de treino: Primeira maratona, em 3 meses**

Dia / Semana	2ª	3ª	4ª	5ª	6ª	Sábado	Domingo
1ª	off	15 km (Z2)	20 km (Z1/Z2)	20 km (Z1/Z2)	off	28 km (Z1)	off
2ª	off	15 km (Z2)	20 km (Z1/Z2)	20 km (Z1/Z2)	off	28 km (Z1)	off
3ª	off	10 km (Z3)	5 km (Z1/Z2)	20 km (Z1/Z2)	off	30 km (Z1)	off
4ª	off	15 km (Z2/Z3)	10 × 1 km (Z2) Ra 3 min	20 km (Z1/Z2)	off	25 km (Z1)	off
5ª	off	15 km (Z2)	5 km (Z1/Z2)	20 km (Z1/Z2)	5 km (Z1/Z2)	30 km (Z1)	off
6ª	off	15 km (Z2/Z3)	5 km (Z1/Z2)	15 km (Z2/Z3)	5 km (Z1/Z2)	32 km (Z1)	off
7ª	off	15 km (Z2)	5 km (Z1/Z2)	20 km (Z1/Z2)	off	32 km (Z1)	off
8ª	off	15 km (Z2/Z3)	10 × 1 km (Z2) Ra 3 min	5 km (Z1/Z2)	off	35 km (Z1)	off
9ª	off	15 km (Z2)	10 × 1 km (Z2) Ra 3 min	20 km (Z1/Z2)	off	28 km (Z1/Z2)	off
10ª	off	15 km (Z2/Z3)	10 × 1 km (Z2) Ra 3 min	5 km (Z1/Z2)	off	35 km (Z1)	off
11ª	off	15 km (Z2)	off	20 km (Z1/Z2)	off	15 km (Z1/Z3)	off
12ª	off	10 km (Z2/Z3)	off	5 km (Z1/Z2)	5 km (Z2/Z3)	off	Competição Maratona

❷ CORRENDO MAIS RÁPIDO A MARATONA

Depois de quebrar a barreira dos 30 e dos 35 km da maratona e de vencer o desafio dos 42 km, estamos prontos para o mais grandioso de todos os desafios: o de quebrar nosso recorde pessoal na prova mais difícil de todas. Agora é hora de encarar os treinos novamente, com muita dedicação e suor, para superarmos esse novo desafio.

A maratona é a uma prova bem peculiar e seu treinamento diferencia-se das outras provas pela sua distância. Esse tipo de prova exige um volume de treino bem grande e, muitas vezes, corredores não atletas não conseguem suportar essa rotina. Costumamos dizer que o mais difícil na maratona é treinar de forma adequada.

- **Planilha de treino: Mais rápido na maratona, em 3 meses**

Dia / Semana	2ª	3ª	4ª	5ª	6ª	Sábado	Domingo
1ª	off	15 km (Z2)	10 km (Z2/Z3)	25 km (Z1/Z2)	off	30 km (Z1/Z2)	off
2ª	off	15 km (Z2)	10 km (Z2/Z3)	25 km (Z1/Z2)	off	30 km (Z1/Z2)	off
3ª	off	15 km (Z2/Z3)	5 km (Z3)	25 km (Z1/Z2)	off	35 km (Z1/Z2)	off
4ª	off	15 km (Z2/Z3)	5 km (Z3)	25 km (Z1/Z2)	off	35 km (Z1/Z2)	off
5ª	off	15 km (Z2/Z3)	10 × 1 km (Z3) Ra 5 m	20 km (Z1/Z2)	off	30 km (Z1/Z2)	off
6ª	off	15 km (Z2/Z3)	10 × 1 km (Z3) Ra 5 m	20 km (Z1/Z2)	off	30 km (Z1/Z2)	off
7ª	off	10 km (Z3)	10 × 1 km (Z3) Ra 5 m	20 km (Z2)	5 km (Z1)	30 km (Z1/Z2)	off
8ª	off	10 km (Z3)	10 × 1 km (Z3) Ra 5 m	20 km (Z2)	5 km (Z1)	30 km (Z1/Z2)	off
9ª	off	10 × 1 km (Z3) Ra 5 m	10 × 1 km (Z3) Ra 5 m	15 × 300 m Rp 5 min + 3 km (Z1)	off	20 km (Z2)	off
10ª	off	15 × 300 m Rp 5 min + 3 km (Z1)	15 km (Z2)	15 × 300 m Rp 5 min + 3 km (Z1)	off	20 km (Z2)	off
11ª	off	15 km (Z2/Z3)	16 × 300 m Rp 5 min + 5 km (Z1)	10 km (Z3)	5 km (Z1)	16 × 300 m Rp 5 min + 5 km (Z1)	off
12ª	off	10 km (Z2/Z3)	5 km (Z3)	5 km (Z1)	off	off	Competição 42 km

A maratona é um grande desafio, pois temos barreiras tanto fisiológicas como psicológicas. O organismo, na maior parte das vezes, tem respostas bem próximas de indivíduo para indivíduo, e para aqueles bem condicionados essas caraterísticas demoram mais a aparecer ou simplesmente não aparecem.

Entre os quilômetros 10 e o 15, começa a fadiga ligeira e aumento da temperatura do sistema de apoio. As microlesões podem começar a surgir por aqui; entre os quilômetros 20 e o 25, podem surgir as abrasões e as bolhas, para quem não está acostumado com grandes distâncias, a diminuição da testosterona e aumento do cortisol. Já entre os quilômetros 30 e o 35, chamados de a grande barreira, aparece a fadiga cardíaca mais acentuada e acentuam-se as dores na musculatura de uma forma generalizada. Mas aqui também temos uma atividade central imperiosa e, neste ponto, o psicológico é fundamental para a conclusão dos 42 km.

8 PROBLEMAS E SOLUÇÕES NO TREINAMENTO

Alguns dizem que periodizar o treinamento é uma arte. Eu, particularmente, prefiro dizer que é uma ciência muito complexa e que exige uma sinergia entre o atleta (ou aluno) e o treinador muito grande. O segredo do sucesso da periodização é justamente o *feedback* do atleta (ou aluno) ao seu treinador para que o programa de treinamento seja reorganizado.

Com atletas profissionais que vivem em função do treinamento e do resultado, teoricamente seria mais fácil a periodização, mas isso não é bem verdade. As variáveis são muitas e a complexidade é bem alta, pois temos de preparar nosso atleta para estar na melhor forma, em determinada data. Com nossos alunos, a problemática é outra e também bem complexa, pois temos de associar a vida social e profissional com a *performance*, lembrando sempre que a meta é o alto rendimento ou o treinamento focado na qualidade de vida e saúde. Podem aparecer alguns problemas, e o treinador, assim como o corredor, deve saber o que cada sintoma está indicando.

A seguir, os problemas mais comuns e as possíveis soluções para cada um deles:

Curiosidade

A periodização é uma ciência complexa e cheia de detalhes. Exige um grande conhecimento do treinador, além do entrosamento com seu aluno/atleta.

Problema 1

- **POUCO TEMPO DE TREINO DE BASE**
  - **Sintoma:** Não consegue aumentar o volume do treinamento.
  - **Possível solução:** Priorizar os treinamentos longos por, pelo menos, um mês, mais treinamento de força como complemento.

Problema 2

- **POUCO TREINO DE RITMO**
  - **Sintoma:** Não consegue aumentar o ritmo de treino ou a velocidade média dos treinos.
  - **Possível solução:** Priorizar treinos de ritmo na semana e/ou incluir treinos intervalados, com recuperação ativa.

Problema 3

- *OVERTRAINING*
  - **Sintoma:** Muito cansaço após a sessão de treino e, também, antes dos treinos, apresentar-se cansado e indisposto.
  - **Possível solução:** Alguns dias de *off* e reduzir volume e intensidade dos treinos nas duas semanas seguintes.

Problema 4

- **QUEBRAR NO MEIO DO TREINO**
  - **Sintoma:** Começar o treino com um ritmo muito forte, FC de treino muito alta ou pouco volume no período de base do treino.
  - **Possível solução:** Rever todo o treinamento.

Problema 5

- **LESÕES MUSCULARES**
  - **Sintoma:** Cãibras, dores musculares, durante e após o treino, e fadiga localizada precoce.
  - **Possível solução:** Aumentar o tempo de recuperação entre um treino e outro; rever dieta com um especialista (nutricionista).

Problema 6

- **LESÕES ARTICULARES E TÉCNICA ERRADA DE CORRIDA**
  - **Sintoma:** Dores nas articulações, durante e após o treino, tendinites e fraturas.
  - **Possível solução:** Diminuir o treino ou suspendê-lo e reaprender a técnica de correr.

Problema 7

- **CORREDOR DESMOTIVADO**
  - **Sintoma:** Não cumpre os treinos e falta nos treinos e nas provas.
  - **Possível solução:** Restabelecer novas metas, novas provas e novos desafios.

ANEXO

RITMO, PROVA E TEMPO DE PROVA

Ritmo (min/km)	5 km	10 km	21 km	42 km
4:00	0:20:00	0:40:00	1:24:23	2:48:47
4:30	0:22:30	0:45:00	1:34:56	3:09:53
5:00	0:25:00	0:50:00	1:45:29	3:30:59
5:30	0:27:30	0:55:00	1:56:02	3:52:04
6:00	0:30:00	1:00:00	2:06:35	4:13:10
6:30	0:32:30	1:05:00	2:17:08	4:34:16
7:00	0:35:00	1:10:00	2:27:41	4:55:22
7:30	0:37:30	1:15:00	2:38:14	5:16:28
8:00	0:40:00	1:20:00	2:48:47	5:37:34
8:30	0:42:30	1:25:00	2:59:20	5:58:40

Tempo de prova expresso em: hora:minuto:segundo.

A Tabela de ritmo de prova e tempo de prova nos dá uma informação sobre o *pace* médio, baseado no tempo total de prova. Orientar-se por aqui é um erro muito grande, pois iremos tentar impor um ritmo durante a prova prejudicial à *performance*, fazendo-nos correr pouco e ficarmos com um tempo aquém do que poderíamos conseguir, ou nos fazendo quebrar no meio da prova.

Com base em um levantamento feito com as marcas de atletas de alto rendimento e de corredores amadores das provas realizadas em três diferentes cidades (São Paulo, Rio de Janeiro e Brasília), organizadas pela Iguana Sports, conseguimos desenvolver uma fórmula para predição do tempo de conclusão da prova, baseada no tempo de uma distância menor que a prova.

A partir dessa informação, o corredor e o treinador podem elaborar melhor sua estratégia para a prova e prever o tempo de realização do percurso. Esse modelo deve ser aplicado a indivíduos bem condicionados e que não tenham grande variação de velocidade dos treinos.

■ **Tabela masculina**

Prova	Distância-teste	Fator de correção
10 km	5 km	5%
16 km	10 km	6%
21 km	10 km	8%
42 km	21 km	10%

■ **Tabela feminina**

Prova	Distância-teste	Fator de correção
10 km	5 km	6%
16 km	10 km	8%
21 km	10 km	10%
42 km	21 km	13%

Como fazer o cálculo (passo a passo)

Objetivo: predizer o tempo para a prova de 10 km. Corredor do sexo masculino.

- **1º Passo:** Após correr 5 km, determine o *pace*, e, em seguida, o tempo total em segundos do *pace*.
  ↘ Tempo total dos 5 km = 30 minutos =
  = 6 min/km = 360 segundos

- **2º Passo:** Multiplique o *pace* em segundos pelo fator de correção correspondente.
  ↘ Exemplo: Distância-teste 5 km – Fator de correção correspondente 5% = 0,05 ⇒ 360 × 0,05 = 18

- **3º Passo:** Some o resultado com o *pace* em segundos.
  ↘ 360 + 18 = 378 segundos

- **5º Passo:** Multiplique o valor encontrado pela quantidade de km da prova (10 km).
  ↘ Tempo total = 378 segundos × 10 = 3.780 seg

- **Tempo total previsto para a prova.**
  ↘ 3.780 segundos = 63 minutos = 6:18 min/km.

REFERÊNCIAS BIBLIOGRÁFICAS

ALTER, M. *Ciência da flexibilidade*. Curitiba: Artmed, 2001.

ACSM. *Diretrizes do ACSM para teste de esforço e suas prescrições*. Rio de Janeiro: Guanabara, 2003.

ARAÚJO, C. G. S.; PÁVEL, R. C. Flexiteste – método da avaliação da amplitude máxima de 20 movimentos articulares. In: *Congresso Mundial da AIESEP*, 1981.

DANTAS, E. H. M. *A prática da preparação física*. Rio de Janeiro: Shape, 2003.

_____. *Flexibilidade, alongamento e flexionamento*. Rio de Janeiro: Shape, 1998.

EVANGELISTA, A. L. *Treinamento de corrida de rua, uma abordagem fisiológica e metodológica*. São Paulo: Phorte, 2009.

GOMES, A. C. *Treinamento desportivo: estrutura e periodização*. 2ª ed. Porto Alegre: Artmed, 2009.

KEMMLER, W.; von STENGEL, S.; KÖ CKRITZ, C.; Mayhew, J.; Wassermann, A.; Zapf, J. Effect of compression stockings on running performance in men runners. *J. Strength Cond. Res.* 23(1): 101-105, 2009.

LIMA, J. R. P.; KISS, M. A. P. D. M. Limiar de variabilidade da frequência cardíaca. *Revista Brasileira de Atividade Física e Saúde*. Londrina, v. 4, n. 1, p. 29-38, 1999.

MACHADO, A. F. *Corrida: teoria e prática do treinamento*. 2ª ed. São Paulo: Ícone, 2011.

_____; SANTOS, E. L.; DANTAS, E. H. M.; FERNANDES FILHO, J. *Desenvolvimento e validação de um modelo matemático para predição do VO_2 máximo baseado na frequência cardíaca*. Disponível em: <http://www.efdeportes.com>, ano 13, n. 123, 2008. Acesso em: 15 set. 2009.

_____. *Manual de avaliação física*. 2ª ed. São Paulo: Ícone, 2012.

_____. *Corrida: bases científicas do treinamento.* São Paulo: Ícone, 2011.

_____. *Bases metodológicas da preparação física.* São Paulo: Ícone, 2011.

MARGARIA, R. *et al.* Energy cost of running. *Journal of Applied Physiology.* 1963; 18: 367-70.

PLATONOV, V. N. *Tratado geral de treinamento desportivo.* São Paulo: Phorte, 2008.

POLLOCK, M. L.; WILMORE, J. H. *Exercícios na saúde e na doença – avaliação e prescrição para prevenção e reabilitação.* 20ª ed. Rio de Janeiro: Medsi, 1993.

BOCHMANN, R. P.; SEIBEL, W.; HAASE, E.; Hietschold, V.; RÖDEL, H.; DEUSSEN, A. *J. Appl. Physiol.* 99: 2337-2344, 2005.

SILVA JUNIOR, A. M.; XAVIER, W. D. R.; MARINS, J. C. B. Comparação da frequência cardíaca obtida com a frequência cardíaca calculada por diversas fórmulas em exercício de cicloergômetro. *Revista Mineira de Educação Física.* Viçosa, 2002, 11(2): 253-259.

TUBINO, M. J. G.; MOREIRA, S. B. *Metodologia do treinamento desportivo.* 13ª ed. Rio de Janeiro: Shape, 2003.

VERKHOSHANSKY, Y. V. Problemas atuais da metodologia do treino desportivo. *Revista Treinamento Desportivo.* 1996, 1(1): 33-45.

WEINECK, J. *Treinamento ideal.* 9ª ed. São Paulo: Manole, 1999.

ZAKHAROV, A. *Ciência do treinamento desportivo.* Rio de Janeiro: Grupo Palestra Sport, 1992.